企业变革管理与创新研究

邓今朝　邓长凤 ◎ 著

吉林出版集团股份有限公司

图书在版编目（CIP）数据

企业变革管理与创新研究 / 邓今朝，邓长凤著．—
长春：吉林出版集团股份有限公司，2021.9
ISBN 978-7-5731-0468-7

Ⅰ．①企… Ⅱ．①邓… ②邓… Ⅲ．①企业改革—研
究 Ⅳ．① F271

中国版本图书馆 CIP 数据核字（2021）第 192247 号

企业变革管理与创新研究

著　　者	邓今朝　邓长凤
责任编辑	陈瑞瑞
封面设计	林　吉
开　　本	787mm×1092mm　　1/16
字　　数	210 千
印　　张	9.5
版　　次	2021 年 11 月第 1 版
印　　次	2021 年 11 月第 1 次印刷
出版发行	吉林出版集团股份有限公司
电　　话	总编办：010-63109269
	发行部：010-63109269
印　　刷	北京宝莲鸿图科技有限公司

ISBN 978-7-5731-0468-7　　　　　　　　　　　定价：86.00 元

前　言

《21世纪的管理挑战》指出，对发达国家来说，有一件事是千真万确的，甚至对全世界各个国家都是如此，那就是我们正面对长时期的巨大变革。当今时代是变革的时代。从世界范围来看，组织生存的大环境正在发生着巨大变化。世界著名管理大师彼得德鲁克提出"变革是无法避免的事情"，"我们无法左右变革，我们只能走在变革的前面"。对于绝大多数企业而言，变革已成为企业的常态，在企业中唯一不变的就是变革。随着市场竞争日趋激烈，越来越多的人，特别是企业的领导逐步认识到变革是市场竞争的唯一法则。

从企业所面临的内外部环境来分析企业变革的必要性，首先，外部环境的变化会给企业带来两方面的影响：一方面是会给企业带来很多新的发展机会；另一方面也会给企业带来很多新问题。为了保持企业的生存与发展，企业要对新变化做出迅速的反应，以变化为契机做出顺应环境的变化，达到内部与外部的匹配，最终获得成功。这种变化对企业而言是一个挑战，要迎接挑战，企业务必做好应对工作。其次，来自内部对变革的需求是企业进行变革的最直接动力。

企业变革是一项困难重重的事，通常大多数变革计划都以失败而告终。据统计，接近2/3的变革都失败了，而且这些变革给企业造成了巨大的经济损失。于是人们不禁要问："为什么会出现这种情况呢？"其中最主要的原因是这些变革方案遇到了阻力。对此，许多学者都发表了自己的看法，总结如下：

第一，人们抵制变革是因为他们主观上认为自身的利益可能将受到损害。他们害怕因为变革而失去自己原有的权力、地位、自由或者工作条件。在员工深刻了解变革对自己的可能影响前，他们总是持怀疑甚至否定的态度。

第二，人们担心变革将带来更多的工作内容。员工认为，变革可能会改变员工目前现状，可能打破他们原有的工作内容，从而会使他们付出更多、得到更少。因此，他们开始就抵制变革。

第三，员工的固有习惯将被打破。无论是采用哪种模式，员工固有的工作内容都会改变，所带来的是员工所形成的固有工作习惯将会打破，适用新的习惯对员工而言需要付出额外的努力，因此，他们抵制企业变革也就不足为奇了。

作　者
2021年3月

目 录

第一章 企业变革管理

第一节 企业变革管理

随着知识经济的到来，企业所面临的经营环境不确定性显著增强，本节以卢因变革模型为基础对企业变革管理进行了研究，该模型将企业变革主要分为三个步骤："解冻—变革—再冻结。"

21世纪是知识经济时代，而这个时代最显著的特征之一就是变革，在世界经济和社会环境复杂多变的当今，企业的内外部环境也发生着剧烈变化，诸如，政治、经济、社会文化方面以及组织结构和价值观等方面，都存在着难以预测的变数。此外在经济全球化的过程中，企业面临的竞争也日趋激烈，如何在激烈的市场竞争中脱颖而出，在复杂多变的环境中确保企业自身的竞争优势，成为市场上的常青树，成为企业经营者的重要任务之一。本节将以卢因变革管理理论为基础探讨企业变革，以期望更好地帮助企业进行变革实践。

一、变革管理的内涵

企业所面临的环境是在持续变化的状态，从以蒸汽技术为主导的第一次工业革命到以信息技术主导的第三次工业革命，以及目前广泛讨论的以人工智能和大数据等新技术主导的新的工业革命，充分印证了这一观点，每一次的技术革命都给企业的经营环境带来了翻天覆地的变化，同时也预示着市场上新的行业的崛起和旧的行业的衰落。企业在环境发生巨变的情况下，无论从抓住机遇还是应对危机的角度而言，都必须进行不断的变革管理。穷则变，变则通，通则久，企业要在复杂多变的环境中生存下去，从而形成自己的核心竞争力，就必须懂得如何处理好变革过程中遇到的问题，变革管理也就逐渐成为企业关注的重点。企业的资源是有限度的，因此企业必须把有限的资源投入紧扣时代前景的发展战略中去，这也意味着企业需要转变观念，要有勇气与昨日的成就割裂，以避免进入因循守旧的陷阱中。此外鉴于变革的过程中存在不确定性，企业宜采用循序渐进的方式，对企业的战略、组织结构、生产和管理技术、管理流程和企业文化等方面进行变革管理。

二、变革的契机

（一）时机

企业变革的时机可以根据其所面临的内外部环境的审视获得。通常出现以下情况预示着变革时机的到来。第一，当企业面临着现有的组织管理体系不足以支撑起企业新的战略目标时；第二，当企业在激烈的市场竞争中处于劣势，而企业内部又出现增长缓慢，内部矛盾显现时，这种情况通常伴随着企业失去竞争优势，竞争对手逐步建立起相对的竞争优势。第三，当市场上出现足以改变现有竞争规则的新技术时。第四，当企业的发展明显受到政策制约，以及企业面临着领导更换时。

（二）条件

首先，企业内部要能够形成统一的思想，变革会导致利益的再分配，因此，应让利益相关者都能够充分了解和理解甚至是支持变革；其次，企业需要建立起双向的沟通渠道，要能够给员工发出自己声音的渠道，解决员工的疑虑，考虑员工的诉求，以巩固企业与员工，员工与员工之间的信任。再次，变革需要获得中高层管理人员的支持，获得中高层管理人员的支持越多，那么变革成功的概率也就越大。

三、卢因变革模型

卢因将企业形象地比喻成一个由驱动力和制约力组成的平衡体。他认为"驱动力量"即为变革的压力，如企业经营环境的变化、新的竞争压力、新的企业战略等；"制约力量"则为变革中阻碍因素，如企业中旧有的企业文化、行为方式等。这两种力量随着环境的变化而相互博弈，从而成为促进企业变革的动力，而企业则是在这两种相互作用的力量之间寻求平衡。变革则被描述为企业从目前的平衡状态，进而到达所期望的平衡状态。

卢因变革理论将变革总结为三个主要阶段"解冻（Unfreeze）—变革（Change）—再冻结（Refreeze）"。"解冻"即为打破企业目前现有的驱动力和制约力之间的平衡状态，使旧的企业规则和企业愿景不再具有约束力和指导意义；"变革"即为企业改变行为的过程，在这一过程中，企业将会寻求树立新的企业愿景，新的解决问题的办法。"再冻结"意味着使驱动力和制约力再次达到平衡状态，让新形成的状态长久稳定下来。

（一）解冻

解冻这一阶段的主要任务是识别出企业变革的驱动因素和阻碍因素，通过详细描绘出企业的变革蓝图、消除变革的阻碍因素、确定变革的愿景，形成初步的变革方案。

1. 识别变革的阻力

解冻现状意味着要求企业成员改变原有熟悉的思维和行为方式，即离开原本的舒适区间到一个未知的充满变数的区间，在这个变化过程中，企业成员会担心获得的既得利益受到损害，这也是解冻过程中伴随着阻力的原因。这些阻力的来源主要包括以下方面：

首先，由变革所产生的不安全感，因为变革是要求员工放弃以前已经习惯了的行为方式，而且很难预测变革之后会发生怎样的情况，会为员工带来不确定性。其次，员工在工作中已经建立起的社会关系可能会受到破坏。如担心被从深耕多年的部门上调到新成立的部门。最后，员工担心变革会造成自身经济利益方面的损失，例如，新的绩效考核办法，可能会导致工作任务量的增加而收入却可能因为无法完成目标任务量而减少；再如，调到新的工作岗位，可能会因为不熟悉工作方法而导致生产效率下降，从而导致收入的下降；还可能担心引进新的技术和工作方法而导致的失业。

2. 识别变革的驱动力

变革的驱动因素是变革动力的来源，是推动变革发展的关键力量，只有变革的驱动力大于阻力的时候，才会使员工意识到现状改变的重要性，这时变革才会朝着管理者所期待的方向发展。

在推动现状解冻的过程中，其核心任务就是要让员工意识到为什么现状不能再继续维持下去，变革为什么又迫在眉睫。在这一过程中，企业首先可以结合实际正在发生的，现状不令人满意的客观证据，比如，正在下滑的销售数据、令人担忧的客户满意度、糟糕的财务数据、正在消失的市场份额等。其次，企业还可以行业内的竞争对手进行比较、正在变化的外部环境等，从而让员工意识到变革的迫切性。

3. 建立共同的愿景

在解冻过程中，还需要为企业成员建立共同愿景，在变革中只有愿景并不能保证变革的顺利实施，只有兼顾了企业、部门、个人三个层次的共同利益的共同愿景，才能让变革中的利益相关者接受变革、认同变革，进而保证变革的成功。

（二）变革

企业需要在这一阶段，根据拟定的变革方案，采取具体的变革措施进行变革，企业可以采取与员工积极沟通、对员工进行培训的方式，以达到推进变革，并减少来自员工对变革的阻力的目的。

1. 沟通

沟通的主要目的是获得员工对变革的支持，同时也方便及时交流在变革过程中的经验和教训，以较小的成本获取较理想的变革成果。首先在沟通过程中可以向员工提供有关变革的理由、目的、方案等详细资料，可以帮助员工更好理解变革。其次，通过沟通可以让员工表达自身在变革中的诉求，可以增加员工参与变革的程度，有研究表明，员工对变革的参与度越大，对变革的顺利实施越有益，因为通过在变革过程中与员工的沟通，使其参与了关于变革的讨论与设计，了解企业所面临的实际情况，从而意识到变革的重要意义，以达到降低变革阻力的作用。

2. 培训

通过变革培训可以让员工获得变革所需的观念、知识和技能。让员工放弃以前的旧的观念，并让他们认识到，这个世界唯一不变的就是变化，如果消极地应对变革，就有可能被这个时代淘汰。此外，通过如角色扮演法、情景模拟法、案例研究法等有效的培训方式，让员工获取变革所需的新的行为和技能，可以在某种程度上，让员工更加积极主动地参与到变革中去，并在变革中获取新的利益，从而有益于变革的顺利进行。

（三）再冻结

企业在进行变革之后，有退回到原来的习惯和行为方式的风险。为了巩固变革成果，管理者必须采取一系列有效的措施巩固变革之后所形成的态度和行为。如果缺乏有效的巩固措施，变革成果将如昙花一现。因此本节建议，变革管理者以企业在变革中所期待的态度和行为方式作为绩效衡量指标，其次通过激励措施，对变革中出现的新的行为方式进行奖励，对旧有行为方式进行惩罚。最后通过制度化的措施将变革作为基因注入企业文化中。

企业所面临的经营环境是多变的，唯一不变的是变化，企业要根据不断变化的环境对其发展战略进行调整，这也正是变革产生的原因，企业要通过变革适应新环境，获取新的核心竞争能力，才能在市场持续生存下去。在动态的环境中，掌握卢因变革模型，可以帮助企业有效地应对环境变化，进而使企业在变革中不断发展壮大。

第二节　中小企业的变革与管理

在经济全球化和信息化的大潮下，国有中小企业在新经济常态下，竞争越来越激烈，很多企业面临着市场竞争中被淘汰出局的命运，要么与时俱进选择变革，要么墨守成规选择死亡。如何让中小型企业健康持续发展，是迫在眉睫的任务。

一、中小企业经营模式

随着中小企业集群的建立，中小企业以柔性、"互联网＋"、合作共享和快速反应等为原则进行制度创新，以适应市场需求的不断变化。通常有四种经营模式可供选择。

分工协作经营模式。即把为大企业配套作为企业发展走向市场的途径。成功的中小企业非常注意避免直接与大企业竞争，而是尽可能与大企业合作，做大企业发展中必不可少的伙伴。中小企业在为大企业配套时要在成本领先的基础上寻求差异化，要主动研发不同类型的产品为多个大公司配套，以分散自己的经营风险。

特许经营模式。这是连锁经营的一种主要形式，这种经营模式有助于中小企业在不需要大量资金的基础上快捷拓展业务，同时，特许经营机构还会为中小企业提供必要的培训，弥补中小企业在管理上的先天缺陷，并获得经营上的支持。中小企业选择该种模式时应考虑以下因素：其一，特许经营的成本。其二，经营规模的限制。其三，独立性的丧失。授权企业在获得支持和辅导时，通常会丧失企业的部分独立经营和控制权。

专一经营模式。专一经营模式是指通过对市场的细分，企业集中力量于某个特定目标市场，或严格针对一个细分市场，或重点经营一个产品和一项服务，创造出产品和服务优势。通过选择一个特殊的专一市场，企业的战略更突出表现为企业家对顾客和竞争对手的决策。与大企业相比，中小企业在满足消费者多层次需求方面最具竞争力，该模式的弊端在于差别优势容易消失，或由于经营模式被模仿，或由于市场结构变化，使得差别市场不复存在。正是由于专一经营模式不能保持持续的竞争优势，因此中小企业生存发展的目标并不在于保持长久的竞争力，而在于创造出一连串的短期竞争优势。采用该模式的中小企业必须不断增强竞争实力，在现有竞争优势丧失之前，将公司的战略竞争优势转移到新的领域或产品上。

"互联网+"经营模式。20世纪90年代以来，知识和信息通过对传统生产要素即资本市场、劳动力和土地等自然资源的整合和改造，为企业的发展创造了一种新的经营模式——"互联网+"经营模式。在这种模式中，企业只掌握核心功能，即把企业知识和技术依赖性强的高增值部分掌握在自己手里，而把其他低增值部分"互联网+"化，通过借助外力进行整合，其目的就是在竞争中最大限度地利用企业资源，"互联网+"企业采用信息技术，使企业的交易成本大大减少。这种模式在突破了传统经营模式的同时也有一些弊端，例如，一旦出现一些缺陷或需要改善系统方式时，就必须对整个经营模式进行重建。

二、中小企业如何创新发展

根据目前现实情况，笔者从体制、机制、管理、技术、文化等层面，浅析中小企业如何适应当前市场需求和自身生存发展。

体制方面。要打破统一固定模式，引入股份制、混合制、民营制的竞争格局，形成百舸争流、百花齐放的局面，实现企业所有权和经营权的分离，鼓励企业员工参与入股，真正做到共同打拼奋斗，共同分享成果，共同担当风险，从而实现共赢。使企业组织结构更加扁平高效，使员工的积极性、创造性得到最大限度释放，从而使企业的生产方式、经营方式、分配方法、思维观念等都产生深刻变化和创新。建立明确的责权责任体系，从组织形式到内容，进而从结构到制度全面创新与变革。

机制方面。由于引入了股份制、混合制、民营制，企业的组织结构建立更加科学、合理、高效，更能符合市场的需求。业务流程更加明晰、优化，责任意识更加明确，员工的主人翁意识和危机意识更加强烈，管理者能上能下，员工能进能出。真正把"今天工作不努力，明天努力找工作"落到实处，企业不养闲人，团队不养懒人。人人有岗位，人人有责任，人人有危机，从而激发人的更大潜能和工作热情。机制创新是把观念创新、技术创新和组织创新等创新活动制度化、规范化，是实现管理创新的前提和保证。

管理方面。摒弃不合时宜的旧的规章制度和劳动纪律，与时俱进，创新管理模式。要从人、机、物、料、环等方面入手，全面创新管理。要以人为本，制定符合人性的激励机制，为那些能管理、善于管理者搭建管理平台，给那些愿意多奉献、兢兢业业工作的员工应得的报酬；打破干好干坏一个样，干多干少一个样的局面，完善计件工资制，建立科学的激励机制，做到人尽其才，物尽其用。进而完善岗位管理体系、绩效考核体系、薪酬体系以及员工升迁考核体系。

技术方面。形成尊重知识、尊重人才的氛围，鼓励技术人员从事技术发明，并将技术成果转化为生产率，鼓励技术操作人员进行技术改革、工艺创新，创建学习型员工、学习型企业，不断提升每位员工的操作技能和操作水平，不断提高产品科技含量和企业整体科技水平，让科技成为企业最有活力的要素，为企业持续发展、健康发展，注入永久动力。

文化方面。将"厂衰我耻、厂兴我荣"的理念根植于每位员工。通过企业内刊，建立员工无缝对接、全方位平等交流的平台，杜绝内耗，建立自律高效的精英管理团队，让每位员工自觉做到如下几点。

静一点：在公众场合，保持安静，做事要静下心来，多思考，认真谋划每一项工作。

净一点：保持工作场所，如车间、办公室等清洁卫生，今日事，今日毕。

尽一点：员工要尽职尽责，用老板心态对待工作，力争最好。

敬一点：员工要相互尊重，人人平等，爱岗敬业。

禁一点：员工严禁做与工作无关的事，严禁有与厂规厂纪不符的行为。

进一点：员工要成为学习型的员工。提高技能，敢于创新，不断进步。

近一点：员工之间的心要贴近些，紧密团结，成为有战斗力的队伍，与市场客户要求贴近一点。

紧一点：员工要有"一万年太久，只争朝夕"的紧迫感，把各项工作有条不紊地扎实做好。

劲一点：员工要有干劲冲天的朝气，把所有干劲全部用于工作中。

精一点：员工要有强大的精神支柱和顽强必胜的信念，不畏一切困难险阻，进而保持昂扬斗志。

锦一点：员工要锦上添花、雪中送炭，相互鼓励扶持，共创美好明天。

任何一个企业，要找准自身在市场中的定位。要扬长避短，准确判断和推测企业外部、内部的环境因素，把握好内外部因素发展趋势。对专业性和行业经验要求比较高，且不确定性比较大的因素，最好由有经验的专家来进行分析和推断，增加预测的准确性，减少误判。要清楚自身优势和劣势，如国有企业的优势：有品牌优势，有较大工业模式，有齐全的产品线，有成熟的管理团队，有稳定的职工队伍。民营企业、混合制、股份制企业有灵敏的市场信息，有"春江水暖鸭先知"的过人知觉，有灵活的机制和管理模式，有瞬息万变适应市场的经营方法。

中小企业要正确处理好企业的发展与后劲的问题，才能解决"切肤之痛"，体现到位的执行力，完成企业真正意义上的变革。

第三节 市场营销视角下企业变革管理

在企业的经营管理过程中，市场营销能够长期维护稳定的客户关系，深入挖掘客户价值，增强企业的核心竞争优势。互联网经济时代下，市场营销观念也随之发生了相应的改变，客户作为企业经营管理的重要资源，应与时俱进，走上变革管理之路。由此，本节以市场营销为研究视角，分析企业变革管理的必要性，结合当前其变革管理所面临的困境，如组织结构管理混乱、企业信息化管理建设不足、企业市场营销管理人才素质不高、企业文化凝聚力不足等，并针对性提出相应的变革管理应对策略，优化企业管理流程，从而提高企业的核心竞争力。

当前我国经济进入了低增长时代，产业和企业发展进入了变革期，面临更为复杂的国际经济发展形势，国内市场环境也发生了深刻变化，我们必须集中更多力量推动营销的转型升级，精准对接客户的消费需求，以吸引更多的消费者。互联网经济时代，随着电子商务发展的深入，客户价值被重新定义，企业的市场营销战略也从之前的以产品为中心，转变为以客户为中心，在此过程中必须充分收集理解客户信息，以进行精准的数字化营销，企业走上变革管理已经成为必然。

一、市场营销视角下企业变革管理必要性

现代企业经营管理过程中，市场营销是极为重要的环节，企业为了实现预期的运营目标，必须与时俱进，引入先进的市场营销理念，结合市场形势的变化，科学制订营销计划，并配置相应的营销资源，以精准地对接客户需求，占据优势竞争地位。然而要想实现这一预期目标，传统的管理模式已经不适应当前企业发展需求，进行企业变革管理具有必要性。具体可以从以下方面分析：

第一是提高企业的产品销量的需要。市场营销视角下企业变革管理，才能真正激发员工工作的积极性和主动性，集中员工力量，成功调动员工工作热情，进而才能促进企业的产品销量提高。

第二是提高企业组织领导能力的需要。营销团队的领导能力，是企业营销成效提升的关键因素之一，因此企业进行变革管理，能够使团队领导者顺应市场环境的变化，充分整合市场和客户信息，统一进行营销行动，保障企业营销目标的顺利实现。

第三是增强企业营销团队凝聚力的需要。在企业营销运营管理过程中，团队的作用，是企业长远运营目标实现的关键，通过企业变革管理，才能真正地凝聚企业所有员工的智力，规范企业的营销方向，并建立规范标准化的管理制度，以及时地达到企业团队运营的

总体目标。

第四是强化企业文化建设的需要。市场营销视角下，企业文化对于整体运营的作用是不可忽视的，只有通过企业文化建设，才能使员工对新的营销理念、管理战略有所理解，并自觉履行相应的管理制度，以形成管理向心力。在此背景下，企业当前管理理念已经不能适应文化建设的需要，因此，企业走上变革管理之路已经成为必然。

二、市场营销视角下企业变革管理面临的困境

（一）组织结构管理混乱

当前国内很多企业，尤其是中小企业的组织结构管理极为混乱，采用的多是部门职能管理制度，各个管理层级繁多，基层员工与上级领导之间的联系极少，不利于市场信息的及时沟通和交流，更不利于市场营销战略的改革和落实，因此，进行变革管理势在必行。此外，当前一些企业的营销多是采取的营销经理责任制，总体把控企业的营销工作，然而营销经理多是与销售人员就业务进行沟通，并没有深入基层把握市场动态，从而忽视了客户信息收集。

（二）企业信息化管理建设不足

互联网经济条件下，信息化已经成为企业核心竞争力的一个重要因素，通过信息化技术，能够构建相应的营销管理平台，并借助大数据充分抓取客户信息，以提升企业的营销效率。然而当前的企业信息化管理建设不足，一些企业对于信息化的应用多停留在较低的水平，虽然有应用 ERP 信息系统，然而由于缺乏优秀人才及传统管理和营销模式的影响，不能真正发挥 ERP 信息系统的功能。

（三）企业市场营销管理人才素质不高

一般企业在招聘营销人员时，并不看重员工的学历和工作经验，长期以来也就导致企业的营销人员素质不高，专业的管理人才缺乏。

（四）企业文化凝聚力不足

当前企业在营销过程中并不重视企业文化建设，一些员工虽然具有十分丰富的营销经验，但并不了解新的营销理念，并没有树立以客户为中心的营销理念。在此情形下，企业在变革管理过程中，由于忽视了对企业文化的建设，并不支持配合企业的变革管理工作，甚至对于企业的变革管理措施并不满足，成为企业变革管理的阻碍。由此可见，市场营销视角下企业变革管理工作，必须重视企业文化建设。

三、市场营销视角下企业变革管理有效路径

（一）重构企业组织结构

市场营销视角下企业变革管理工作，应最先从组织结构优化着手，精简行政管理流程，提升企业的行政管理效率，为企业的营销工作提供有力的支持。首先，结合现代企业制度可知，企业组织结构的扁平化管理已经成为变革管理的趋势之一，顺应市场营销的流程再造趋势，重新定位企业的组织管理结构，精简行政管理部门，推动企业进行职能转变，增强行政管理指令传达的效率，以避免出现官僚主义影响企业行政管理效率。其次，建立柔性化的组织管理结构。市场营销视角下企业变革管理，强调加强企业员工之间的信任感和信息沟通交流共享，适当地给予员工合适的管理权限，以满足员工更深层次的提升需求，刺激员工的主人翁意识，提高员工工作的主动性和积极性，并及时根据市场的变化和员工的职业需求，做出灵活适应性的组织结构调整，提高员工工作的责任意识，进而增强企业营销团队的凝聚力。最后，应用网络化的组织结构。网络化组织结构是信息化时代下的新产物，为应对复杂的市场营销环境，企业的变革管理应建立网络化的组织结构，利用信息化管理工具，建立精简的核心管理结构，以合同契约方式外包一些管理活动，减少传统管理模式下的部门沟通交流障碍，以客户为中心，加强各个部门之间的沟通和交流，从而提高企业客户对于营销和产品的满意度。

（二）实施企业流程再造建设

市场营销视角下，企业变革管理工作，应注重企业的流程再造，优化企业原有的营销管理，促进企业的各项营销管理制度和营销计划落到实处，集中企业的各方资源，以实现预期的营销和管理经营目标。

（三）打造专业化的管理团队

针对当前存在的市场营销管理人才素质不高的问题，企业应重视变革管理工作，打造专业化的管理团队，以应对复杂的市场和国际竞争环境。一方面，市场营销视角下，企业的变革管理应推动人力资源管理工作转型，首先安排专业人员科学分析企业人才需求，制订科学的人员招聘方案，创新改革企业的招聘方式，包括网络招聘、校园招聘、专业竞聘等，充实企业的人员数量，从根本上消除企业的团队管理风险，为企业的变革管理提供有力的人员支持；另一方面，市场营销视角下，企业变革管理工作应改革员工培训保障制度，除了要对新进入的员工进行必要的职前培训之外，还需要进行定期的技能培训，注重培养员工的营销理念和营销技能，以能够胜任企业流程再造变革，同时进一步改革企业的薪酬福利制度，以充分满足企业的变革管理需要。

（四）加强企业文化建设

市场营销环境下，企业文化对于变革管理推进的重要性不言而喻，要想真正实现预期

的营销目标，必须进行适应性的企业文化建设。首先，企业必须深入员工基层，清楚企业文化对于变革管理的阻碍，摒弃官僚主义的管理思想影响，重视员工的思想表达，以市场变化以及客户为导向，从而形成现代化的企业营销管理文化。其次，企业文化建设应根据市场形势的变化做出调整，为了引导企业员工朝着一致的方向奋斗，必须重视引入全新的企业文化观念，提升企业员工对于市场环境变化的理解，以更好地为企业营销活动服务。最后，市场营销视角下，企业变革管理工作，应构建学习型组织体系，注重员工的心理需求，营造和谐、公平的职位竞争环境，从而打破传统管理制度的限制，让真正有才能的人脱颖而出，进而实现企业变革管理的目标。

综上所述，互联网经济时代下，企业的市场营销环境发生极为深刻的变化，企业进行变革管理已经势在必行。作为企业的核心环节市场营销，是企业运营的关键，通过市场营销透视企业的变革管理，是一次有意义的实践尝试。由此，市场营销视角下企业变革管理工作，应科学把握市场营销下的企业变革管理定位，从以下方面着手，重构企业组织结构，实施企业流程再造建设，打造专业化的管理团队，加强企业文化建设，增强企业自身的核心竞争力，提升其市场营销能力，应对日益复杂的国际竞争形势。

第四节　信息化环境下的企业变革管理

经济的发展要求企业不断地寻求变革创新，而信息化作为一种先进的管理思想与现代信息技术相结合的应用方式，已逐渐影响到企业的战略发展、组织结构、规划策划、管理制度、协调控制、企业文化等，从而成为现代企业进行管理变革的基础。

苏州金龙在发展过程中，通过应用信息化技术，持续探索、实践变革管理，从而实现促进企业管理优化的目的。

早在 1999 年，苏州金龙通过以自我设计开发为主、外部购买为辅的方式，逐步应用起信息系统。截至目前，已经建立起围绕公司核心业务的 PLM 产品协同设计系统、CRM 客户关系管理系统、DMS 经销商管理系统、SCM 集成供应链系统、ERP 企业资源计划管理系统、MES 制造执行系统、CAPP 工艺管理系统、ASS 售后服务系统八大业务系统，有效支撑企业各个业务领域的运行；同时，还建立起支撑企业管理的 eBMS 文件管理系统、呼叫中心系统、传真中心系统、知识管理系统、工作流系统、商业智能分析系统等基础系统，并对外发布了销售网、客户服务网、海外客户服务网、供应商管理网四个协同办公网站，实现了与八大核心业务系统的有效集成，实现了公司内部与世界各地合作伙伴数据共享、协同办公，极大提高了服务的响应速度。

随着企业的不断发展壮大，原有的业务模式、制度、流程无法适应企业的快速发展，在各个业务领域出现了一系列问题，如订单无法按期交付、经常出现缺料、原材料的价格无法有效控制、设计 BOM 频繁出错等问题。如何让流程适合当前的业务，能不断地为业务创造价值呢？这就需要企业通过变革管理，改造流程，去优化原有的业务流程、制度，以适应市场的变化；这就需要建立一种机制，能长期持续不断地优化流程。

2012年，苏州金龙建立"管理IPD方法（Innovation Project Develop）"，即变革项目开发流程体系，与IPD新产品开发流程体系有异曲同工之妙。经实践、探讨总结出一些管理套路：变革管理行动必须有领导机构，必须有方向，必须有策划，变革结果必须要有流程、组织、IT、绩效四位一体。只进行流程优化是不够的，那是纸上的流程，不具有执行力，不具有测量价值，无法持续优化，无法有效地保障流程的执行，要有组织和绩效来护航，最后还要由IT固化。

苏州金龙从管理组织保障、需求管理、管理计划、管理机制设计、管理文化塑造与宣传五方面进行了变革。

一、变革管理组织保障

2012年4月，苏州金龙成立了变革及流程管理组织机构"变革及流程管理指导委员会"，简称"HBI组织"。变革及流程管理指导委员会由公司最高领导者任主任，由各个业务模块的副总及总监为成员，由公司CIO为管理者代表，作为C-BPE组长，策划、推进变革管理活动。各个部门的业务骨干担任分领域的变革管理组长，并设立流程管理组，提供变革管理的技术支持、信息化工具支持。设立流程审计部，定期审计流程，检测、测量流程的效率和效果，从而提供变革管理改进的数据。

HBI组织的最终目的是建立变革管理的长效机制，通过这套机制管理有效地推动变革项目运行，通过流程优化、组织优化、绩效优化来细化管理，通过信息化固化变革成果。从2012年开始，启动并持续推动一系列的变革项目和快赢项目，进而确保每个项目在组织、流程、绩效、IT层面四位一体的有效落地，快速见效。

二、变革管理需求

变革的需求从哪里来？首先变革的需求要来源于公司大的发展战略，但仅仅用公司级的战略作为变革的目标远远不够。战略是公司未来发展的方向和目标，无法作为一个变革项目去执行。首先需要做的是战略分解，把公司战略分解为各个业务领域的子战略和目标，再分解成为各个部门的目标，最终分解为每个岗位的目标，并通过绩效和平衡计分卡的管理方法落实到每个人。分解的时候，会以信息化的视角去思考，是否能用信息技术提升业务能力，支撑目标的达成。总而言之，就是"把大目标分解为阶段目标、小目标，把大项目分解为小项目，用IT手段实现落地"。

三、变革管理计划

计划管理方面，由变革及流程管理委员会调查公司流程建设等级，结合公司的经营目标和战略方向，再制订年度的变革管理计划，每个季度修订年度计划，每个月追踪月度计划完成情况，在管理计划的执行过程中的符合率，从而保证项目顺利推行和按期完成。并设计变革管理的绩效指标，分层次落实到变革项目组成员和变革项目经理，有效保证计划的执行。

四、变革管理机制设计

变革及流程管理指导委员会全面负责公司流程变革及管理的职能，将信息部更名为流程与 IT 部，强化流程管理的职能，组织的建立保障了变革管理工作有效开展。并设计了一套变革项目管理的机制，把变革过程制度化、流程化，2012 年发布了《变革项目年度规划流程》《变革项目立项流程》《变革项目开发流程》《变革项目执行跟踪流程》《变革项目管理制度》等管理文件，用最佳实践固化到流程和制度中，统一指导变革活动，提高每个变革项目的成功率，通俗地讲就是"标准化"。

固化变革管理项目的每个阶段，把变革项目分为 A 立项阶段、B 开工阶段、C 总体设计方案阶段、D 流程优化阶段、E 软件开发阶段、F 组织绩效设计阶段、G 试运行阶段、H 实施阶段 8 个阶段，以及固化每个阶段的产出物，同时有机结合项目管理的"先问目的、再做推演、亲手打样、及时复盘"十六字方针，进而让项目成员深入理解项目的各个过程以及各个过程的意义，按要求完成任务。

五、变革管理文化塑造与宣传

为了打造一个驱动流程变革管理行动的生态环境，让公司所有的管理人员了解流程并会用流程解决业务问题，具有一定的流程优化与设计能力。通过组织授课和培训，提高公司全体员工的流程意识，尤其是各个业务领域的管理人员。由于各个业务领域的管理人员的深入参与，使业务变革成为发自管理人员内心的召唤，发挥出管理出效益的正能量。每年定期组织变革项目成果汇报会，邀请最高管理者及各个业务领域的高层领导参加，展示变革管理取得的成绩，让变革管理人才，有机会展示自我，展示自己对公司的贡献。并设立 30 万元的奖励基金，激励变革管理人才发展，进而鼓励管理人员参与到公司的变革管理中来。

变革的最大阻力通常来自企业固有的文化，企业从职能型组织向流程型组织的转变依赖于企业的文化转变。因此，流程文化建设方面的工作也必不可少，《管理优化报》是变革文化宣传的阵地，通过《管理优化报》的宣传使变革思想深入每个人心中，人人不忘变革。

值得一提的是，苏州金龙在 2005 年就设立了信息总监（CIO），主要职责为负责公司流程体系的建设和推进公司管理规范；负责制订信息系统的总体规划；负责推动和督导 IT 系统管理制度完善和信息安全；负责参与公司战略的规划、经营计划与目标的制定；负责信息化方面的预算制定、经费审批和控制；负责信息化部门的内部流程和制度的制定及管理。从这些职责来看，苏州金龙的信息总监（CIO）已经不是单纯的信息化系统建设的领导者，而是参与公司的战略的制定与经营管理，应用信息化技术优化业务、落实变革管理，支撑企业的可持续发展的重要管理者。

第五节　新技术、企业组织变革与财务管理

新技术的发展促进了经济、政治、社会等宏观领域的发展，微观企业组织也深受其影响，作为企业管理的重要组成部分的财务管理，将在新技术的潮流中发生根本性的变革。新技术虚拟化、场景化、网络化、集成化、链接化、实时化、动态化的特征，将使企业的组织结构从以实体为基础的组织形态向以信息为基础的组织形态进行转变，进而使财务管理的主体、客体、目标、体制、对象、价值创造方式和信息发生相应转变。本节深刻分析了企业组织在新技术环境下的巨大变革和财务管理的根本变化，从而为财务管理的重新定位提供了相应的经验和启示。

以"大智移云物"和区块链等为基础的新技术，对世界经济、政治、社会等宏观领域带来了革命性变化，微观的企业组织也深受其影响，作为企业管理的重要组成部分的财务管理，在这种企业组织的变革中也必然带来彻底的根本变化。

一、新技术的基本特征

从根本上说，新技术的基本特征就是信息化。信息化以现代通信、网络、大数据、云计算、人工智能、区块链等技术为基础，对所反映和研究的自然世界和人类活动的各种要素、各种形态及其结构和变化进行充分的揭示、分类汇总至信息平台，并满足特定人群、特定组织的行为需要。它不仅可以使人们对自然和社会的认知力得到大大提升，同时也使人们和组织的行为方式得到大大改进，行为效率得到极大提高，这必然带来人类社会的极大进步。整体来说，新技术具有以下特征：

（一）虚拟化

虚拟化最早产生于计算机科学，计算机中的虚拟化（Virtualization）是一种资源管理技术，将计算机的各种实体资源，包括服务器、网络、内存及存储等进行抽象、转换后予以再现，进而可以破解实体结构之间的不可切割性障碍，使用户以更好的方式应用这些资源。从人类社会的视角来看，虚拟化是与客观世界相对应的一个概念，我们可以把客观世界称为实体世界。自人类诞生以后一直在孜孜不倦地探索客观世界，也就是要认知实体世界，实体世界反映到人们的大脑中形成场景，人类运用各种信息载体（其中最基本也是最主要的就是文字），将所认知到的场景进行传播，就形成了信息。可以看出，一方面是实体世界，另一方面是以信息所反映的世界，这一世界用信息的方式予以呈现，然而反映的

是实体世界，但已经不是实体世界本身，因此就称之为虚拟的世界。实体世界被信息化了，也就被虚拟化了。任何实体世界的物质都是处在一定的时空中的，这种时空的差异性使得人们不可能在同一时间去感知整个世界所有物质的存在状态和变化情况。但是在虚拟化的信息世界，人们可以通过信息的传播在同一个时间了解不同空间的实体世界的状况，故而虚拟化打破了人们在认知上的空间和时间的障碍。值得说明的是，自人类诞生之日起，人们就需要认知客观世界，进而产生信息并进行传播。信息社会早已有之但不是信息化社会，信息化社会是以新技术为基础的，现代信息技术对信息社会的最大推动莫过于构筑起了网络化和数字化的活动环境。可以说虚拟化是通过信息化来实现的，两者不可分割，或者说是一个问题的两方面。

（二）场景化

所谓场景就是客观世界的事物在人们大脑中的反映状态。一方面，场景是以客观世界的事物为背景的，或者说是以实体世界为背景的，离开了客观世界的事物，场景就失去了存在的基础；另一方面，场景不是客观世界的事物本身，而是这种事物在人们大脑中的反映。人的大脑对客观事物的反映很难完全一致，这不仅由于在一定的时空下人们的认知能力是有限的，也在于事物总是处在不断变化之中。正因为这样，人的大脑对客观事物反映的这种不一致才形成了场景的概念。在人类交往中，人们就是要将自身对客观事物的这种场景感知及其自身的认识传导给他人，由此形成了信息及其传播。在信息传播的过程中，这种感知的场景越真实，传播的质量和效率就越高，对他人的影响力就越大。人之于动物有别的关键是创造了文字，通过文字对人们感知的场景进行信息传播，是人类历史的重大进步，早期的象形文字更是对客观事物形象生动的场景描述，比如，月亮的"月"就具有月的特征。尽管如此，用文字语言再现和传播场景仍然存在根本缺陷，人们一直在探索能否找到一种技术更好地再现客观事物的外貌和内核、再现客观事物的变化过程。以新技术为基础的信息化社会就能超越以前的一切社会形态，对客观事物进行更为真实的场景反映。物联网技术、虚拟现实技术是实现实体世界场景再现的最新技术，这些技术能够对模拟的客观事物由计算机生成实时动态的三维立体逼真图像，并能反映动态的变化过程。

（三）网络化

从技术上说，网络的本意是指把互联网体系整合成一台巨大的超级计算机，以使计算资源、存储资源、数据资源、信息资源、知识资源等实现全面共享。网络可以是小规模的，也可以是大规模的，可以是局域的，也可以是全域的。其根本特征并不是它的规模和域面，而是资源的互联互通和共享以消除资源孤岛，并最终实现共赢。网络是一种新技术，而网络化则是利用这种新技术，包括通信技术和计算机技术，把分布在不同物理空间的计算机及各类电子终端设备互联互通，按照事先约定的网络协议相互联通，以实现协议各方都可以共享软件、硬件和数据资源。

以通信技术和计算机技术所形成的网络在人类政治、经济、社会和文化的方方面面都得到了广泛应用。至少可以从两个层面来理解人类社会进入网络化社会的基本场景：一是任何一个在具体空间和特定时点的个人和组织都可以把自身所感受的实体世界的某一场景，通过网络传播给其他人，也可以通过网络将其他人在具体空间和特定时间所感受的实体世界的某一场景传播给自身。这就意味着任何一个人或组织无须亲力亲为就能够获得实体世界的全部场景状态，既能实现对实体世界的全部场景的感知，同时也能适时选择对实体世界的某一场景的感知。这不是因为实体世界已经连成一起，而是由于网络化把实体世界在人们大脑中所形成的场景用信息收集和传输的方式传送给了某一具体空间和特定时间的个人和组织。二是每一个个人和组织都可以结合自身的需要形成自身的局域网络，通过运用这个局域网络上的各种资源实现自身的目标。网络化的世界通过网络把世界连接起来，同时也让每一个个人和组织根据自身的需要形成特有的局域网络。因此网络化的世界既是一体化的，也是可以局域化的，一体化是局域化的前提，局域化是一体化的实现形式。每一个个人和组织在使用信息网络时都有自身特定的需要，从而形成局域化的网络，正是在这个意义上讲，局域化的网络才是被真正使用的网络。局域化的网络资源的使用包含两方面：一是作为网络资源获取者的个人或组织将根据自身的需要从网络中获取相关有用资源。二是作为网络资源的传送者将根据其他个人和组织的需要输出相关有用资源。这种资源首先是信息资源，其次是以信息资源为载体最终获得实体资源。如果不首先获得实体资源的信息，实体资源的最终获得可能是一个难以实现的事情。局域网中的个人和组织既是网络资源的获取者，也是网络资源的提供者，当无数相关的个人和组织相互提供或者获取网络资源时必然形成相互交织的各种局域网。尽管如此，就某一个个人和组织而言，所形成的局域网一定是满足其自身特定目的而形成的。

（四）集成化

一般而言，集成 (integration) 是将一些分散、独立的事物或者要素运用某些方式集中在一起，形成有机联系以构成一个有机整体的过程。信息系统的集成化涉及三方面的技术特征，分别是网络的一体化、软件（或者语言）的一体化和信息的集中化。前两者属于软硬件范畴，不在此讨论，作为新技术条件下的信息体系的主要特征就是信息的集中化。

信息集中化主要体现在三方面：一是如何将分散在不同空间和不同时间的各种不同性质的信息汇集到信息平台之中，形成信息库或者数据库。这是一个由分散到集中的过程。从技术层面看，数据库是根据某种数据结构集中起来并存放在存储器中的数据集合。数据库的这种特征要求分散在不同空间、不同时间的各种不同性质的信息进行规范化、标准化、通用化、系统化，只有这样来自各种渠道的信息才能够归入数据库中。二是如何将信息库或者数据库中的信息或数据按照某种结构（信息结构或数据结构）进行存储。目前可以将数据信息细分为结构性、非结构性以及半结构性数据，其目的是便于信息或数据的存储、处理和使用。由一般的信息（数据）库向大数据库，再到云平台的转变，从某种意义上说，是一种信息或者数据存储方式的变革。三是如何将集中并结构化了的信息或数据根据用户的需要进行处理和传输。不同客户所需要的信息或数据是不同的，同一客户的不同决策事项所需要的信息或数据也是不同的，同一客户的同一事项在不同时间的决策所需要的信息或数据还是不同的。通过对人工智能的运用，对数据和信息进行分析就能满足这些特定的需要。信息集成化是一个贯穿信息的收集、存储、处理和输出的过程，在这个过程中，如何使信息能够更好地满足使用者的需要就成为其出发点和落脚点。

（五）链接化

在计算机领域中，链接是指在电子计算机程序的各模块之间传递参数和控制命令，并使它们能够组成一个可执行的整体。链接也可以称为超级链接，即从一个网页指向一个目标的链接关系。这里的目标可以是另一个网页，同时也可以是相同网页上的不同位置，或者图片、电子邮件地址、文件、应用程序等。在互联网上之所以能够形成局域网内以及局域网间的链接关系，都是由于网上各要素或者各局域网之间存在内在的相互关系。这种关系主要表现在以下方面：

链接关系是为了实现某一特定目标组合而成的。任何链接都是有目的的，或者是政治的或者是经济的，或者是社会的或者是个人的。目的的多样性使得网络的链接呈现出多样性，目的的变化性必然会改变链接的内容和链接的方式而形成新的链接结构。

链接关系是一种合作关系。这种合作关系当然是建立在网上各要素或者局域网独立存在的基础上的，没有这种独立性就不会产生合作。合作基础除了有共同目的外，同时还必须是这些要素或局域网之间存在互补关系、存在一致行动的必要，如果相互之间不存在互补关系和一致行动的必要，链接也是无法实现的。

链接关系是建立在分享的基础之上的。有了共同的目标和互补关系及一致行动的意愿仍然不够，最终需要通过网络实现共享的各要素、各局域网分享链接后能够带来的利益。分享利益必须重视利益分配的均衡性，任何分配的均衡性都是以一定的标准为基础的，所有链接要素和局域网都必须就分配标准达成一致。当分配的标准存在分歧时，就必须相继进行调整，这是一个动态博弈的均衡过程，唯其如此，链接才能持续。

值得说明的是，链接化是互联网时代一种普遍的现象和趋势，链接的形式有：纵向链接（如企业的供应链关系链接）和横向链接（如跨部门的协同行动和不同行业的融合的链接）；网络链接，是一种纵横交错的链接形式，如在企业供应链体系中还形成不同行业的深度融合链接；星系链接，如同浩瀚的"星空体系"，无数"行星"围绕"恒星"运转，无数"卫星"围绕"行星"运转。任何一种链接形式都呈现出了上述三种链接关系的特征。

就链接的本质而言，一方面是虚拟世界信息资源的链接。新技术所形成的信息网络体系使这种链接变得更为简捷、更为迅速、更为广大、更为整体，从而可以超越实体世界的空间阻隔和时间限制。信息不再仅仅是指音讯、消息、通信等系统传输和处理的对象，或者说人类社会传播的内容，而是一种有用的资源、一种有价值的资产。另一方面是实体世界资源的链接。仅仅只是在信息层面进行链接是不够的，更需要把信息所反映的实体世界的资源按照特定目的进行链接，从而使实体世界的有限资源进行合理有效的配置。

（六）实时化

从新技术的视角说，实时化是指信息系统在外界事物（实体世界）产生和变化时，就能够即时地做出反应，生成和接收信息，并同步进行处理，处理的结果又能在规定的时间之内满足系统的特定需要，最终确保系统协调一致运行。即时响应和高可靠性是实时化的最根本特征。传统的信息收集、传播、处理和使用受技术手段的限制，很难实现实时化，通常是外界事物（实体世界）产生和变化后，一定的时间内才能收集、传播、处理和使用相关的信息，具有明显的滞后性。新技术对人们获取和使用信息所获得的根本性突破就是能够即时获取和使用事物（实体世界）变化的信息。新技术为此提供了真实情境再现或者全面写真的可能，在传输、处理和使用信息的过程中也能保证信息的内容不会发生偏差，因此具有高可靠性。

以新技术为基础形成的信息体系能够对不同空间地域和时间维度的个人和组织都进行即时响应，使彼此间在信息的获取和使用的实时性上不会存在明显的时间差异。同时，实时化也能使个人和组织不会由于其权力的大小、位置的高低和领域的差异而在获取和使用信息上存在时间差异。当获取信息的时间差异越来越小，甚至完全处于同等的即时响应时，也许人类社会中人与人、组织与组织、人与组织之间的关系将被全面改变，以致要进行重新定义。

归结起来，实时化要求社会中所有的人和组织都能够在技术上即时提供和使用信息；实时化也要求在信息获取和使用上，因此人人都享有信息即时响应的平等社会权利。

（七）动态化

哲学上的动态性指事物作为一个运动着的有机体，其稳定状态是相对的，而运动状态则是绝对的，也就是说事物处于永不停息的运动之中。事物不仅作为一个功能实体而存在，而且作为一种运动形式而存在，表现为事物内部的联系及其变化以及事物与环境的相互作用。事物的功能是时间的函数，由于不论是事物的状态和功能，还是环境的状态或联系的状态都是随时间的变化而变化的。信息系统一方面要具备反映这种事物变化过程的功能，另一方面要根据用户的需要传输事物变化的全过程的信息。如果说实时化着眼的是信息获取、处理和使用的时间与信息产生的时间的无限逼近，强调同时性，它与信息的滞后性是相对应的，那么，信息系统动态化着眼的是要取得事物变化的全过程的信息，强调过程性、持续性，它与信息的结果性也是相对应的。正如写真一样，早期的写真是静态的，而任何一种静态都是一种结果。后来出现了动态写真，表现为一个连续变化的过程。

新技术条件下信息系统的动态性包含了三方面的特征：一是信息系统能够持续地获得实体世界发展变化的全过程信息，并能将这种变化可靠、真实、生动地再现出来。二是信息系统能够将实体世界发展变化的全过程信息进行动态记录和储存。没有这种动态的记录和存储技术就很难再现实体世界发展变化的过程，也就不可能进一步传输到信息使用者的手中。三是信息系统能够实时地将实体世界发展变化的全过程信息生动逼真地传输到信息使用者的手中。在这一传输过程中，信息系统必须能够响应使用者的需要，既能够实时传输，也能够不断重复传输，最终就是要能够实现信息使用者持续不断和反复不断地获得实体世界发展变化的全过程信息。可见，新技术条件下信息系统的动态化是三位一体的，对客体世界发展变化的全过程信息进行动态反映，并进行动态记录和存储，从而最终实现动态传输。

新技术七方面的特征有着内在的逻辑：虚拟化是信息得以存在的基础；网络化是信息得以传输的前提；场景化使传输的信息能够更加可靠、真实、生动；集成化能提高已有信息的共享程度、使用效率、针对性和有用性；链接化将相关信息连接起来以满足特定使用者的需要；实时化使所提供的信息能够及时地满足特定使用者的需要；而动态化则为特定的使用者提供全程化的、可持续的信息。只有这样，新技术条件下的信息体系既可以获得全面的、持续的、完整的信息，同时也可以提供个性化的、特定需要的信息。

总之，新技术条件下所形成的信息体系具有整合和共享的特征。所谓整合就是能够实现实体世界与虚拟世界的整合；实现网络一体化与信息孤岛的整合；实现场景化与客观事物的整合；实现集中与分散的整合；实现分工与协同的整合（链接就是一种协同）；实现实时与事后的整合；实现过程与结果的整合。如此等等无不说明新技术条件下所形成的信息体系就是要将实体世界的时空差异和事物的属性差异通过信息化实现整合，在整合的基础上进一步实现共享，共享信息体系的所有信息资源，共享客体世界的所有资源，从而最终使得资源的利用达到最大的效率和效用，以提高整个人类社会的价值创造力和社会福祉。

二、新技术与组织变革

在新技术条件下，传统的以实体为基础的组织形态必然向以信息为基础的组织形态进行转变。一方面，组织的实体形态仍然存在，并以相互独立的形式进行组织交往，产生组织的联系；另一方面，组织的信息形态使得组织的边界被打破，组织与组织之间的交往模式及其所形成的关系也会发生根本性的改变。我们可以用实体组织与信息组织两个概念对此做出明确的界定，主要表现在以下方面：

（一）组织虚拟化

新技术对组织所带来的最重要影响之一就是组织虚拟化。传统意义上的组织都是建立在实体基础上的，任何一个组织都有自身的实体组织架构，实体的人、财、物等资源，还有实体的组织行为过程和行为结果。这种实体的组织也必然有存在的具体空间和具体时间，当我们对一个实体组织进行描述和定义时都离不开这些实体的因素，具有看得见和摸得着的实体存在感。以信息为基础的组织是虚拟化的，这种虚拟化表现在一个实体组织中的所有实体要素都以信息的形式而存在，信息是人们对实体组织所感知的场景的一种描述和表达，它既源于实体组织，然而又不是实体组织本身，这就是虚拟性。

仅仅以市场经济最具特色的市场组织而言，人们都可以在现实的世界中看到各种各样的有形市场，如北京新发地的农产品市场，义乌的小商品市场，每一个人都可以感觉到实体市场的存在，正因为这样，过去人们对市场的定义就是商品交易的场所，这一定义就是实体组织在人们大脑中的场景反映结果。自有市场以来，没有人会怀疑这一定义的真实性和科学性。在市场产生和发展的过程中人们的直觉所感觉到的实体市场经历了杂货铺、百货大楼、超市、shopping mall、奥特莱斯等的历史变迁，似乎这种变迁的根本动因就是要在一个实体的市场中通过空间的扩大和时间的延长，让更多需要商品的人和提供商品的人在这一市场中完成实物商品的交易。然而问题在于我们根本就无法制造一个巨大的物理空间，让全世界所有的商品和需要商品的人进入这一市场空间进行交易；也无法在任何时间都开放这一市场空间让每一个人进行交易，实体市场的发展受到了根本掣肘。其实，表面上看市场是商品交换的场所，但实质上市场是信息集中和互换的场所。在市场的商品交易中，人们交易的最大困难是提供商品的人不知道谁需要商品，而需要商品的人不知道谁能提供商品，如果双方都能知道这一信息，就可以直接进行交易，而无须通过建设一个有形的市场来完成交易。

但是伴随着新技术为基础的信息化社会的到来，实体市场的物理空间限制和时间制约问题的解决产生了根本转机。电子商务平台的出现使得全世界所提供的商品的信息和所需要商品的信息全部集中到这一平台，这一平台所集中的这两类信息的触角延伸到哪里，市场就扩张到哪里。由于信息的收集、储存和传播无物理空间限制和时间选择限制，实体市场的发展过程中遇到的问题就迎刃而解了。每个人随时随地都可以通过电商平台提供供应商品和购买商品的信息，个性化的需要和整体化的整合完美地结合在一起。这里仅依靠信息的提供和需要的结合（也称为线上市场）就能达成这一目标，而实体市场可以不必存在（也称为线下市场），实体的物流体系也可以基本维持现状。因此，从这个意义出发，我们不得不定义市场的本质就是信息集中和互换的场所。

从上述分析可以看出，信息组织（或者虚拟组织）与实体组织的最大不同就是可以不受物理空间和时间差异的限制，这恰恰是实体组织在行为过程中遇到的根本难题。

（二）组织平台化

凭借新技术为基础形成的虚拟化和网络化的信息体系，使得在单个的、独立的实体组织之上形成了线上的组织，它是协同的、集中的、整合的、可超越空间距离和时间差异的信息组织（虚拟组织），这种组织称为平台或平台组织。比如，阿里巴巴本身是一个上市公司，是实体组织，然而阿里巴巴所构造的平台却可以使无数的生产者和消费者、物流服务者和被服务者等都可以进入这一平台进行运作。这就是线上的组织，也就是平台组织。在现代新技术条件下任何一个组织都既可以是实体的组织，也可以是在信息化后所形成的平台组织。平台组织的根本特征就是要运用现代技术构造一个庞大的网络信息平台，但支撑这一网络信息平台的运行及其内容的仍然是线下的实体组织：一是进行平台组织建设和运营的实体组织；二是参与平台运行并通过平台开展自身活动的实体组织。前者是平台组织的建设者、管理者，后者是平台组织的参与者、使用者。随着"大智移云物"和区块链技术的使用和普及，仅仅就经济的微观组织企业而言，在供应链、生产过程、营销领域已经发生了翻天覆地的变化，一个企业可以同时为全球消费者以自动化智能化的方式提供多种服务，可以在很短的时间内处理数量巨大的交易，同时可以用成千上万个词语标签对消费者进行画像，更令人咋舌的是可以在几小时之内应对市场需求上百倍的暴涨。

与实体组织相比较，平台组织（信息组织、虚拟组织）的特征是：一是无边界化。平台组织不仅能实现实体组织内部信息的自由流动，更重要的是能实现组织外部所有关联组织之间的信息的自由流动。只要实体组织进入平台组织，任何一个实体组织都可以凭借平台获得相关信息，而任何一个实体组织也必须为平台提供自身相关的信息，各个实体组织的信息在信息网络平台上进行收集、集中、处理、传输。单一的、独立的实体组织的存在都是有空间距离和时间差异的，然而平台组织通过信息网络进行信息交换就会使实体组织不受空间距离和时间差异的限制。随着实体组织不断地进入平台组织，既向作为平台的信息网络提供信息，又从中获取信息，这是一个无限的过程。这种无限的过程不仅使得平台无边界，而且也使得实体组织的获取和使用信息无边界。二是虚拟化。平台组织是依靠信息网络来构建并进行运营的，而平台组织本身的资源是信息资源或者说是大数据。正是由于平台建设的实体组织为进入网络平台的所有组织提供了信息资源，而获得相应的利益，这样信息资源就成为平台组织的资产，它是一种虚拟的资产，却能够为组织带来利益。三是去中心化。平台组织只是为所有进入的组织提供信息互换和交易的行为平台，任何进入平台的组织之间都是平等的交易伙伴，它们以平等的身份进入，又以平等的身份获得信息，并以这些信息为基础进行平等交易。它们根据自身进入平台组织的目的与关联组织之间各自互换信息、进行交易，没有哪一个进入平台的组织会成为中心，即便是平台组织能够为所有进入平台的组织提供信息，也是通过信息网络进行的，它本身也不会成为整个平台的中心。去中心化不是不需要中心，而是由信息网络上的组织自由选择中心、自由决定中心，中心组织与其他组织之间的关系是相互依存、相互依赖的关系，是利益共享的关系。四是整合化。平台组织的基本功能就是对分散的组织、分散的资源、分散的信息进行整合。这种整合之所以能够得以实现，是以信息网络为技术手段、以信息的无差别化为基础、以信息的可传播为动能、以信息的可存储为载体、以信息的可组合可匹配为实现方式、以整合各方的共同意愿为目的的。实际上，从组织形成的初始动因看，任何组织都具有平台的特征，如公司组织就是为了实现价值最大化，将政府提供的环境要素、所有者提供的物资要素、经营者提供的决策要素和员工提供的执行要素进行整合的平台。正因为这样，所有的组织都是平台，所有的平台都是为了整合。然而问题在于，实体组织因其自身目标的特定性，以及与此相关的要素资源的对应性，使得其整合能力自然受限。唯独以新技术为基础所构造的信息网络平台，因其所收集、储存、处理和传播的信息的无差别化，使这种组织平台的整合能力达到了前所未有的程度。可以设想，我们可以把全世界所有的信息资源都装入这个平台，也可以让这个平台的信息为全世界所有的组织所使用，这就是信息网络平台作为组织的整合功能的显著特征。正是这种结果，才需要所有的实体组织进入平台组织，但仅仅这样还是不够的；所有的实体组织之所以愿意进入平台组织，是由于效率提升所带来的利益能够为其分享，由此出发，利益共享成为平台组织设立的前提条件。

（三）组织扁平化

以新技术为基础形成的网络信息平台不仅产生了实体组织与平台组织（信息组织和虚拟组织）的差别，而且也会带来实体组织内部的组织结构及其运行模式的深刻变化，这种变化的根本特征就是组织扁平化。互联网时代企业组织结构具有网络化、扁平化、柔性化的趋势。组织扁平化的本来含义是指通过减少管理层次、压缩职能机构、裁减人员，从而使企业的决策层和执行层之间的层级尽可能减少，将组织更多的决策权下放至组织的执行层，它是区别于传统的金字塔状的科层组织模式的。随着组织的规模不断扩大，为了进行管理和控制所采取的传统办法就是增加管理层级，而扁平化则要求减少组织层级、增加管理幅度。当管理层次减少、管理幅度增加时，金字塔状的组织就被"压缩"成扁平状的组织。之所以能够实现这样一种组织转变，是由于网络化和数字化的运营环境可以消除地理、距离和时间的界限，大大减少交易环节，显著降低交易成本。尤其是区块链技术的发展，使得管理活动呈现出无管理权限设置、无金字塔层级和无中心节点的特征。

从虚拟的信息体系视角看，实体组织一方面表现为为了履行某种特定的功能而形成的一种组织实体，另一方面也可以认为是一个信息体系。这一信息体系将整个组织体系的底层或者作业层面所发生的内外部信息，根据信息收集、分类、归纳、加工、汇总、输出的流程，提供给组织内部需要相关信息的主体，使其能够根据这些信息进行预测、决策、执行、控制、考核、评价等活动。在信息技术不太发达的条件下，传统的组织必然依靠组织层级进行信息的收集和处理，当组织的规模越大，组织履行的功能越多和越复杂时，组织必然要通过增加层级来进行上述信息活动。伴随着新技术的出现，组织内的信息收集和处理不再依靠人工或者组织的层级来完成，而是通过在实体组织内部建立以新技术为基础的信息网络体系来完成。

通过建立这一信息网络体系使得上述信息活动的完成呈现出了以下特征：一是信息的收集、分类、归纳、加工、汇总和输出完全可以通过以新技术为基础形成的信息网络体系自动完成。它既可以将组织体系中底层或者作业层面所发生的内外部信息进行处理，直接传达到各个信息使用的主体，从而使得组织的中间层级大部分可以被去掉；它也可以根据组织内各信息使用主体的要求，运用大数据技术和人工智能技术直接为预测、决策、执行、控制、考核、评价提供有用信息，从而使得组织中为管理活动提供信息的专职部门可以被去掉，这正是扁平化的重要特征。二是以新技术为基础所形成的信息网络体系能够提供真实可靠的场景化信息。传统组织所提供的信息并不能直接反映组织内的所有成员行为的真实场景，大多用文字和数字的方式进行描述，具有相对的抽象性。然而以新技术为基础的信息网络体系的形成，使得无论组织中的成员所进行的活动处在哪一时空，也无论组织中的成员所进行的活动有多么复杂，从组织的最高决策层到组织的每一个层级和每一个环节都可以按照事先约定的权限获得场景化信息，从而使得组织内部由于分层分环节管理而导致的信息不对称问题得以解决。三是以新技术为基础所形成的信息网络体系能够提供实时的、动态的信息。传统组织提供的信息通常具有滞后性和结果性，而以新技术为基础提供的信息可以实现实时响应和动态反映。这意味着组织内的每个信息使用主体不仅能够获得真实可靠的场景化信息，而且能够获得每一时点上的信息和全过程的信息，全过程的每一时点的场景化信息的集合就形成了全景信息，全面地支撑组织内的每个信息使用主体进行管理和开展业务活动。当每一个信息使用主体都能获得这种全景信息时，组织完全可以去中心化、去组织化。因此组织的扁平化不仅仅只是在形式上缩小了层级，减少了部门，更重要的是组织内的每一个主体都可以根据自身获得的信息进行自主决策，开展各项业务活动。

（四）组织权变化

权变的含义就是指灵活应对随时变化的情况。权变理论认为，在组织管理中要依据环境和条件的变化，随机应变采用适当的管理方法。在组织中不仅管理要适用变化了的环境和条件，更为重要的是组织本身也必须要使用变化了的环境和条件。传统组织的科层结构和部门职能结构的最大缺陷是组织结构的固化和运行机制的僵化，其结果必然致使组织没有适应环境和条件变化的能力，使组织的运行效率极其低下，组织的目标不能实现，最终导致组织的消亡。一个组织具不具备自组织能力，关键在于能否适应环境和条件的变化，能否适应这一变化又取决于是否能够可靠、及时、动态、全面地掌握环境和条件变化的信息，新技术所形成的信息网络体系为组织的权变提供了根本的前提。

组织的权变化或者自适用性主要表现在两方面：一是实体组织必须按照服务对象变化的需要，实时调整组织的结构和运行机制。二是实体组织中的每一个部门和每一个成员都必须响应服务对象需要的变化，并根据这种变化进行调整。传统上，实体组织是会按照服务对象需要的变化，对组织的结构和运行机制进行实时调整，然而，由于实体组织内部科层结构和职能部门结构特别是岗位的固化性，导致实体组织的灵活应对能力难以实现。所以从根本上来说，一个组织的自组织和自适应能力关键取决于每个部门、每个成员是否能够及时响应服务对象需要的变化。为此，就必须把外部服务对象的需要依照组织内部的分工链条进行传递。更为彻底的变革是，在组织内部按照外部服务对象需求的变化实时调整组织结构和运行机制，从而实现组织权变。这就要求组织的内设机构不能固化，响应服务对象需求的变化随时组合、随时调整。这就是权变式组织。

权变式组织有两个特征：第一，组织内的每一个单元都是为响应外部服务对象需要而实时组建并运行的，当外部服务对象的需要发生变化时又随时调整。第二，组织内的每一个单元都有着自身清晰的利益边界，它既可以直接响应组织外部服务对象的需要，也可以响应组织内部需要服务对象的诉求。组织内组建的每一个利益单元既可以从组织内获取资源，也可以从组织外获取资源，这样单一的实体组织的边界就被打破，从而实现组织无边界，组织成为一种资源聚集的平台。在这个平台上公司内部的成员之间、公司内部成员与外部成员之间都可以进行自由组合，公司内部的资源和外部的资源也可以进行自由组合，以满足实现公司目标的需要。这样公司就实现了自组织、自驱动、自增值、自调整（自迭代）。

之所以传统的实体组织出现了权变化的特征，根本上是以新技术为基础所形成的信息化的各种特征所致，在实体组织内外部的信息网络虚拟化、场景化、网络化、链接化、集成化、实时化和动态化的条件下，组织中的成员都可以进行自组织、自运行、自管理。一旦组织权变化，就可以发现只要组织内所建立的组织单元能够响应服务对象的需要，整个实体组织就能响应服务对象的需要；只要组织内所建立的组织单元能够利用组织内外的成员和各种资源，整个实体组织就必然成为开放的平台；同时只要组织内所建立的组织单元都有自身的利益，且利益边界得到明晰的界定，组织内的每一个单元及其成员的积极性就能得到最大限度发挥。

三、组织变革与企业财务管理变迁

传统的财务管理是建立在实体企业基础上的，其财务管理的目标、财务管理的主体和客体、财务管理的体制、财务管理的内容和财务管理的方式都是在这一基础上形成的。本质上说，实体企业的财务管理都以其所要履行的生产经营职能为基础，这种财务管理以价值最大化为目标，通过为实体企业的生产经营进行筹资和投资，进行合理的资源配置，以保证生产经营活动有序有效进行。这种实体企业中的财务管理主要特征是：第一，财务管理的目标就是为了实现价值最大化，具体经历了股东价值最大化、企业价值最大化、利益相关者价值最大化的变迁。无论哪一种价值最大化都是与特定的主体（或特定的群落）相联系的，更为重要的是，强调的是特定主体的价值最大化。第二，财务管理的主体表现为单一性，这种单一性首先表现为企业自身是财务管理的主体，在企业内部，又可以分为出资者财务、经营者财务、财务经理财务和员工财务，每一个主体都根据自己的权利义务行使财务管理的职能。由于分工，企业内部也有专门行使财务管理职能的主体，主要是主管财务的副总或总会计师、财务总监、首席财务官和财务部门。第三，财务管理的客体也仅限于企业自身以及企业内部的各个业务环节和各个职能部门与岗位，每一个财务管理的客体都存在于单一企业之内，财务管理是为单一企业自身服务的。第四，财务管理体制主要是在企业内部处理和调整集权与分权的关系，可以分为集权的财务管理体制、分权的财务管理体制以及集权与分权相结合的财务管理体制。第五，财务管理的内容主要是实体企业自身的资金运动及其财务关系。资金运动是紧紧围绕企业的生产经营活动展开的，在组织资金运动过程中必然涉及处理各种财务关系。第六，财务管理的方式主要是以企业内部的分工为基础，为实现价值最大化目标合理有效地进行资金的配置。财务管理不仅要为各个主体配置好资源，还需要调动各个主体的积极性以提高生产经营效率，降低成本费用，不断提高收益水平。为此必须要对其进行业绩评价和考核，评价和考核主要采取财务指标为主的评价方式。然而并非所有行为结果都能体现为财务指标所反映的财务成果，所以考核往往不容易体现部门和岗位的真实业绩。明晰地界定企业内不同部门和岗位的业绩边界，就成为传统企业要解决的根本问题。

以新技术为基础的信息化所带来的组织变革，直接影响了企业的组织结构及其运行机制，进而导致财务管理变革，主要表现在以下方面：

（一）财务管理主体由单一主体向协同主体转变

站在企业的视角看，传统的实体企业的财务管理主体就是企业自身，是单一主体。即便是企业内部的股东、经营者、财务部门以及岗位所进行的分层财务管理也是以单一企业的权责利边界，或者以法人财产权为基础的，离开了这一单一实体企业，它们就失去了进行财务管理的基础。单一企业的权责利边界或者法人财产权既是企业行权的基础，也是企业行权的边界，企业及其财务管理的主体都不可以越过这一边界进行管理。然而伴随着新技术所带来的组织的虚拟化、网络化、链接化、集成化，实体组织之间的边界日益模糊，组织与组织的协同性变得越来越重要，实体组织之间的权责利边界也被突破，组织之间既共享资源，又分享利益。其结果带来财务管理的主体在两个层面发生深刻的改变：一是在虚拟的平台层面，任何一个实体企业可以通过建立网络平台形成平台组织，在网络平台上，所有与此相关联的企业和消费者都可以进入这一网络平台，进行各种市场交易活动。为了让进入平台的企业和消费者能够共享平台，共享资源，平台组织的设立者就必须要设计相关的规则，特别是利益分享的方式，使得平台组织中的各利益相关方愿意参与平台。二是平台组织中的各相关参与方也要与平台组织的设立者及其关联方共同确定平台组织中的交易规则、运行方式和运行机制，只有达成共识，平台组织才能有效运转。这里决定性的因素是参与平台运作的各主体要达成共同的意愿，从这个需要出发，财务管理的主体就不仅仅是单一主体而是多主体的协同，从而形成了协同主体的这一特征。

实体企业不仅可以通过建立网络平台开展线上业务，也可以以实体业务为基础进行线下的业务。伴随着分工的精细化和以新技术为基础所形成的信息化，进而实体企业与实体企业之间的价值创造关系形成了价值链、价值网络和价值星系的价值关系。为了协同链上和网上所有实体企业的行为，仅仅依靠单一实体企业的财务管理是无法实现的，而是必然要求链上、网上、星系的所有企业的财务管理行为的联动，形成多主体协同，从而成为协同主体。

（二）财务管理客体由企业内部向企业外部扩展转变

传统实体企业的财务管理是以企业为边界的，强调财务管理客体的企业属性。伴随着新技术所带来的组织的虚拟化、网络化、链接化、集成化，平台组织得以形成。平台组织的设立者不仅要把自身的线下实体企业作为财务管理的客体，同时也必须把平台组织上所有的参与企业、消费者以及其他交易相关方作为财务管理的客体。这一方面在于平台组织的设立者负有对整个平台管理和监督的责任，财务管理通过资金管理，对平台上各方资金的监控，能够有效促进平台组织上各方根据交易规则、运行方式和运行机制开展交易活动，具有不可替代性。另一方面在于平台组织一旦设立，在平台上的各参与方会通过平台的集中效应产生整合收益。

整合收益包括三种类型：第一种是平台组织上的各参与方通过协同所产生的整合收益。比如，在平台上通过信息的集中和交换，可以加快交易的速度，提高交易的透明度，从而节约交易费用；通过平台组织上各参与方资源的共享，可以减少资源的闲置浪费，发挥资源的最大效应。在这种情形下，平台组织的设立者需要通过其财务管理更好地实现平台上各方信息和资源的集中与互换，对信息收集使用、资源配置和收益分配的管理要以整个平台上的所有参与方为对象。第二种是平台组织的设立者通过平台所实现的信息整合、资源整合和利益整合效应为自身带来整合收益。财务管理的对象是资金运动所体现的财务关系，通过平台组织的设立，平台上各参与方在交易的过程中都会有大量资金处在支付结算的过程中。一般而言，会有大量的资源处在交易的过程中，各方在交易过程中通常会产生时间差，平台企业的设立者可以利用这一时间差所形成的资金或者资源的沉淀为自身带来整合收益；平台企业的设立者也可以通过对物流、资金流、人流，还有信息流等各种要素的最佳组配或者融合获得整合收益。由于财务信息具有全面、连续、完整和系统的特征，再加上资金的无差别化，平台组织设立者的财务管理在进行这种整合上有着独特的优势。第三种是平台企业的设立者通过对各方行为的监管获得维持运行秩序的收益。作为平台企业的设立者既需要提供公共平台并维持平台交易秩序，也应该获得相应收入，平台企业的财务管理在其中可以发挥着信息真实性、及时性、可靠性的管理，平台运行效率的分析和评价，平台参与企业的信用评价和控制等作用。所有上述方面都意味着平台组织设立者的财务管理的客体不能仅仅局限于自身，而是整个平台上所有参与各方。

为了实现链上、网上和星系的价值创造最大化，协调参与各方的利益关系，实现价值共创和共享，也必须要把财务管理的客体扩展到链上、网上和星系中的所有各方。一方面，平台参与者通过组织平台能实现参与者之间的资源流通和信息交换。新技术的发展可以加速组织平台中各方的跨领域交流，打破企业的管理边界，促使各参与者的财务管理实现由企业内部向企业外部的转变。另一方面，平台的细分有利于平台的专业化运营。由于组织平台不仅能够整合各领域的资源和信息，也能根据产业特征、需求特征等将平台的参与者（包括生产者和消费者）进行分类，细分为各类分平台。从总平台到不同类别的各个分平台，组织平台的参与企业能够更加准确地定位现有客户和潜在客户，针对客户的特定性，提供相应的产品和服务。各分平台内部和各分平台之间可以通过现代技术实现实时的交流和沟通，提升组织平台间的信息透明度。这不仅能促进参与者之间的跨界合作，也会加剧企业之间的竞争，以及加强对参与者的监督力度，从而为各参与方的财务管理实现从内向外的转变提供可能性和可行性。

（三）财务管理目标由价值最大化向价值共享化转变

工业化对社会所带来的特征是分工，以新技术为基础所形成的信息化对社会所带来的巨大变化是共享，两者之间有着密切的关系。没有分工就没有共享的基础，而分工不能实现共享就很难实现协同合作，实现整合收益。共享经济是指为了获取一定的报酬，将自身资源的使用权暂时让渡的一种经济模式，它是通过新技术所形成的线上信息网络平台来实现的。共享经济就是要使人们以更低的代价享有社会资源，从而使资源的付出者和享有者都能获得经济红利。实体企业通过搭建线上的平台组织，以及为了进行自身的实体生产经营活动而形成与链上、网上和星系上各类企业和用户的交易关系，无非是为了实现资源的共享，进而实现利益分享。

为了提高生产效率，分工成为工业化的最基本特征，通过分工专业化，不仅可以降低成本，提高生产效率，还可以提高产品质量（谢志华，2015）。在一个实体的生产经营企业，不仅经历了生产经营的分工，也经历了管理的分工，企业内部分工无处不在，专业岗位不断形成。以新技术为基础所形成的信息化社会为分工基础上的协同提供了技术前提，企业和社会不仅要得到分工的效率，而且也要获得协同的效率。前者是为了提升每一个个体的专业效率，从而增加每一个个体的价值；后者是为了提升个体之间的协同效率，也就是要在每个个体的专业效率最大化的基础上，使相互之间的协同效率也最大化。协同效率最大化后所形成的价值，也称为整合收益，必须在所有参与协同的各主体之间进行分配。

传统以生产经营活动为基础的实体企业，或追求股东价值最大化，或追求企业价值最大化，都是以单一实体企业为基础而形成的。网络化平台组织本身并不进行生产经营活动，而是依靠高度技术化的网络平台为所有进入平台的企业和消费者提供相应的信息资源，其目的就是集中和交换彼此之间的相关信息，从而形成所有进入平台的企业和消费者之间的协同效应，取得整合收益。除此之外，实体企业为了开展其实体的生产经营活动，也要与外部的相关企业形成链上、网上和星系的交易关系，实现生产经营活动的外部协同，取得整合收益。要实现这两种因协同而取得的整合收益，前提和关键是所有参与协同的各方都能够合理分享整合收益。财务管理目标所关注的就不仅仅只是价值创造的最大化，而是收益分配的共享性和均衡性。财务管理通过平台组织以及链上、网上和星系的交易体系的价值共生，实现整合收益，并必须要确保收益的均衡共享，两者不可偏废。

事实上，在公司制企业已经隐含了这一基本原理。公司的价值创造是由政府提供的环境要素、所有者提供的物质要素、经营者提供的决策要素和员工提供的执行要素四者协同而成的，工业化的早期由于股东所提供的物质要素最为稀缺，股东所分享的价值确实较多，然而从分配的角度看，这也不是表现为最大化，不过是市场物以稀为贵规律的体现，这是一种分配的结果。分配就是分享，而不是价值创造本身，分配必然按照各参与者认可的分配标准进行，目的就是要达成收益分配的均衡性。从实体企业的角度看，价值创造就是上述四个主体所提供的四个要素协同作用的结果，任何一个要素提供的主体要想分享更多的价值，就必须以企业价值最大化为前提，而实现企业价值最大化就需要彼此的协同合作。因此，四个主体提供的四种要素在公司平台上的协同合作实现公司价值最大化，以此为基础进行分配，实现各要素提供主体的利益分享的均衡化，这就意味着均衡分享并不只是一个现在才有的命题，而是一个历史至今都必须遵循的命题。

（四）财务管理体制由单一实体企业内部集权分权的关系协调向对外平等合作、对内形成模拟法人的自组织转变

财务管理主体为了实现财务管理的目标，必须要对财务管理客体进行管控，这通常涉及财务管理体制。整体上说，财务管理体制分为集权体制、集权与分权相结合的体制以及分权的体制。通常而言少有纯粹的集权体制和分权体制，这样财务管理体制就涉及集权与分权的程度。新技术使得平台组织得以产生，实体企业与外部各关联方形成了链上、网上和星系的交易关系；在实体企业内部，以新技术为基础的信息化也使得企业内部组织层级扁平化，组织单元自组织化和权变化。在这样的背景下，财务管理体制必然发生相应的变革。

无论在企业内部实行集权还是分权的财务管理体制，实际上是以企业内部的科层结构为基础的，集权或者分权的大小最终都必须保证整个企业组织协同动作，实现组织内部各个层级、各个部门、各个岗位乃至各个作业彼此密切配合、高效协作，从而最终实现企业的目标。按照科斯的理论，企业之所以存在是因为要替代市场，通过一种科层组织结构避免市场讨价还价所带来的费用。可见，企业替代市场而降低交易费用，是通过行政的科层结构得以实现的，而这种科层结构恰恰是与企业内部的集权与分权相一致的。由于有了这种科层结构，市场的讨价还价的过程及其形成的费用就可以避免。然而长期的企业实践表明，伴随着企业规模扩大，通过企业内部的科层结构进行组织协同的效率越来越低，协同成本越来越高，甚至超过了市场讨价还价所形成的交易费用。在这种条件下，不仅企业与外部相关各方关系的协调是通过市场讨价还价方式进行的，而且在企业内部也开始模拟市场，出现了市场内外部都市场化，并且企业内部市场化与外部市场化逐步融合的趋势。

在新技术所形成的信息化背景下，这一过程进一步加速和拓展。主要表现在以下方面：一是在实体企业所设立的平台组织上，任何企业和消费者都可以通过这一平台进行信息互换，完成市场交易行为，企业与企业、企业与消费者之间都是一种平等的市场交易关系。二是随着信息网络的不断扩大，参与到平台上的企业和消费者的边界无限延伸，与实体企业在链上、网上和星系上进行协同的企业和用户的边界也无限扩展，因此它们之间所建立的等价交换的市场边界也无限拓展，由此形成的财务关系也是无限延展的。三是在实体企业内部，由于企业内部的信息网络与外部的信息网络的不断融合，使得企业的信息系统能更准确地捕捉客户的需求，信息网络所提供的信息能够实时化、动态化和场景化，进而能使企业内部的各责任主体实现自组织、自生产经营，对外部环境的反映更加敏捷。

更进一步地，实体企业内部所形成的各责任主体在响应市场需求变化的过程中，不仅可以利用实体企业内部的各种资源，同时也可以与实体企业外部的资源进行有效组配，实体企业的组织边界被打破，它直接与外部市场的所有资源进行有效链接。其结果是，实体企业与外部的供应商和用户实现了跨界融合（丰成军等，2016）；实体企业内部各责任主体与企业内外部的市场需求及其变化融合在一起，并能够充分利用企业内外部的各种资源，实时进行组织调整和开展自身的生产经营活动，从而形成自组织、自行为。正因为这样，企业内部各责任主体之间的关系不再是建立在科层结构下的等级关系，而是模拟市场条件下的平等交易关系；不是固定不变的组织结构关系，而是权变的自组织关系。在这样的背景下，实体组织内部的以科层结构为基础的财务体制的集权与分权关系也被打破，企业内部通过自组织、自行为而形成的各责任主体之间的关系就是一种平等的交易定价和交易结算关系。财务管理体制就是要确保这种关系的平等性。

（五）财务管理的对象由单一实体企业的资金运动及其财务关系向相关企业和消费者的价值共生和价值关系转变

传统的单一实体企业强调通过自身的生产经营活动实现自身的价值最大化，这是以社会分工为前提的。伴随着以新技术为基础的信息化社会的到来，社会为了更好地利用分工的成果，为了尽可能充分地利用社会资源，必然通过协同的方式实现价值共生，也就是共同创造价值。正如前面所述，这种价值共生包含了三种形态：第一种形态是通过实体企业所设立的平台组织提供的信息体系，使得市场交易各方产生协同效应，从而实现共生价值。每一个信息网络化的平台组织的设立都是基于市场交易各方存在着相互依存的供求关系，如果将这种供求关系得以有效的链接，就会产生协同效应从而实现共生价值。第二种形态是实体企业通过链上、网上和星系与各类企业和用户形成链接关系，实现市场交易各方的协调一致创造和实现共生价值。新技术条件下，每一个实体企业可以以信息为基础，及时、动态、精准地了解与单一实体企业相关的链上、网上和星系中的各类相关企业和用户的信息，并通过与它们的协同整合，形成满足某一特定市场需要的生产经营活动的生态链、生态网络和生态星系，它们共同创造和实现价值，由此就形成了共生价值。第三种形态是实体企业内部各责任主体通过模拟市场直接与内外部市场的需求相链接，形成权变的自组织；通过企业内部自组织之间的相互协同以及与企业外部的资源共享，从而产生协同效应，实现共生价值。以新技术为基础所形成的企业内外部信息体系，可以为自组织生产经营活动的预测与规划、执行与控制、考核与评价提供依据，同时也可以为自组织实现内外部资源的有效融合提供前提。

既然上述三种价值创造和实现都源于分工基础上的协同整合，传统的基于对单一企业的资金运动及其关系的财务管理就不再适应，而是要转变到对协同整合各方的价值共生及其价值关系的管理上。主要表现在两方面：其一，财务管理必须以所有参与方的整体作为价值共生的对象。首先，必须要发现各方业务和资源协同整合所能满足的市场需要，只有找到这种市场需要才能有价值共生的前提；其次，必须要找到满足这种市场需要的各方业务和资源的相关关系，只有找到这种相关关系，各方业务和资源组合在一起才有了实现价值的可能；再次，必须将满足这种市场需要的所有各方的业务和资源根据成本低、收入高、效率大的价值最大化的原则进行配置，实现所有各方的业务和资源的最优组合，从而创造和实现共生价值。其二，财务管理必须将所有参与方整体作为价值共享的对象，以实现相互之间价值关系的有效协调。价值关系的协调根本上是涉及共生价值的分配问题。既然共生价值是由各参与方的业务和资源的协同整合而形成的，所有各参与方都必须要分享这一价值。财务管理不仅要能够准确地确认这一分享价值，更为重要的是要确定分享这一价值的分配方案。其关键就是要实现共生价值分配的均衡性。

（六）财务管理的价值创造方式由单一企业的大规模标准化的价值创造方式向关联企业协同的个性化、多样化、多变化的价值创造方式转变

只要有人存在就有个性化需求。个人的个性化需要有两种形态：一种是自然的个性化需要，比如，不同的人身体形状不同，就决定了服装的形状不同，每个人的脚型不一样就决定了鞋子的尺寸和式样的不同；另一种是社会的个性化需要，这种个性化的需要会随着每个人的环境变化而变化，具有不确定性。在自给自足的经济状态下，定制是以个体或者家庭满足自身的需要为基础的，每一个个体和家庭的生产行为都是为自身量身定制的，本身就是一种定制行为。在商品经济条件下，个性化不再是自给自足的事情，而是为了满足他人的个性化需要而进行的一种普遍的生产经营行为。只有满足他人需要的经济才能够实现价值，只有通过以较低的成本满足他人更多的需要才能实现价值最大化。

个性化经历了一个历史的发展过程，在自给自足农业经济时代，生产的目的是满足自身的需要，生产者就是消费者，因此生产就是根据自己的需要而进行。到了工业化时代，为了降低成本，采取了大规模的标准化生产形式，从形式上看是与个性化背道而驰的，但是，标准化的大规模生产仍然要满足消费者整体的共同个性需要，如鞋的生产商之所以生产出各种号码的鞋，就是因为不同消费者的脚尺寸不同，这就是个性化，只不过这里的个性化是共同的个性化。之所以难以满足每个消费者个性的特殊化，是由于生产者发现得不偿失，如果这样就必将放弃生产，结果消费者就得不到穿鞋的机会。

随着信息化社会的到来，特别是"大智移云物"和区块链等新技术的整体出现，消费者的个性化需要得以实现的技术前提形成。在个性化定制的条件下，其定制成本能够被不断地降低，并能够带来更大的产出效率，从而使得整个经济的价值创造更大化。离开了这一经济前提，我们恐怕仍然只能生活在大规模标准化生产的社会状况下。今后，企业不仅要满足消费者个性化的需要，而且必须在此基础上，必须满足消费者多样化、多变化的个性化需要。

正是在这样的背景下，财务管理的价值创造方式必然由单一企业的大规模标准化的价值创造方式向关联企业协同的个性化、多样化、多变化的价值创造方式转变。这意味着财

务管理必须要实现三方面的转型：一是要通过平台组织所形成的网络体系根据个性化、多样化、多变化的消费需要将与此有关的供应体系进行组配，使得所有的供给者所提供的产品能够满足任何一个个性化、多样化、多变化的消费者的消费需要。在这个过程中财务管理必须要发现个性化、多样化、多变化的消费者能够带来的价值，同时也需要通过供给体系结构的不断调整响应消费者的这种需要，特别要通过供给侧的协同整合使得供应成本最低化，供应效率最大化。二是要按照个性化、多样化、多变化的消费需要对整个供给侧进行有效的业务和资源组配，通过生产和服务活动，及时提供消费者所需要的产品和服务。如果说前一种情形是通过已有的产品和服务满足消费者的需要，那么，在这里则是根据消费者的特殊需要通过在供给侧组织生产和服务活动以提供新的产品和服务，这具有量身定制的特征。财务管理在业务和资源的有效组配过程中必须要使其成本最低，效率最高，并使得消费者的满足效应最大，从而获取的收益最大。三是要通过对供给侧进行有效的业务和资源组配设计和制造出消费者新的需求，这就是所谓生产创造消费。如果说前两种转型是被动满足个性需要，那么这一种转型则是主动创造个性需要。财务管理必须要预期消费者的个性需求，并为满足这种个性需求低成本高效率地进行资源配置。

总之，传统的单一实体企业的价值创造是大规模的、标准化的、内部化的、分散化的，而新技术条件下的价值创造是供给侧整体协同整合的，并只有在供给侧协同整合的基础上，才能使个性化、多样化、多变化的价值创造方式得以实现。

（七）财务管理的信息由单一实体企业的单纯财务信息向企业内部信息与外部信息、财务信息与业务信息融合转变

进行财务管理必须要进行相关信息的收集、加工、整理和传递，可以说财务管理的过程就是信息管理的过程。然而传统的财务管理信息体系是以单一的实体企业为主体而形成的，具有两个特征：一是以单一的实体企业为主体构造信息体系，二是以财务活动为主线构造信息体系。在这种情况下财务信息对财务管理的支撑作用受到了很大限制。财务管理的信息体系构造，必须要在以下方面进行根本变革：

必须要实现企业内外部信息的全面整合。实体企业本身从事财务管理活动就需要内外部信息的支撑。在以新技术为基础的信息化条件下，实体企业可以设立平台组织形成信息化网络；实体企业也需要通过链上、网上和星系与外部关联方协同进行生产经营活动，在这个过程中必然要形成相应的信息体系；实体企业内部形成自组织机制，在企业内部的每一个自组织既需要获得内部的信息，更需要获得外部信息。因此在财务管理的信息体系构造中就必然要把内外部信息全面融合在一起，这种信息融合不仅是全面的，而且是动态的、场景化的和实时的，它们通过企业自身构造的一体化网络体系进行收集、加工、整理和传递，以满足各主体的财务管理需要。

必须要实现业务信息与财务信息的全面整合。传统的以财务活动信息为基础所形成的财务信息体系是一个封闭体系，由于没有与业务信息有机融合在一块，导致业财信息分割，

也导致业务活动与财务活动之间不能有机地协同。在个体经营者的场合，业务信息与财务信息是合二为一的，原因在于当个体经营者从事生产经营活动的时候，他不仅要确定生产业务活动是否满足需求者的要求，同时也需要确认所提供的产品和服务是否能够收支相抵，取得盈利，这两方面是须臾不可分离的，个体经营者不会进行不赚钱的生产经营业务，也不会放弃能赚钱的生产经营业务活动。在这个过程中，业务信息和财务信息完美地结合在一起。伴随着财务与业务的分工，也导致了业务信息与财务信息的分离，业务部门只知道业务活动的开展情况并不知道业务活动是否盈利，财务部门知道整个企业是否盈利，然而不知道是什么样的业务或者作业导致企业盈利，业财开始分割，这种分割本质上是由信息分离而形成的。这一点与在个体经营者的场合极不相同，个体经营者集业务信息和财务信息于一体，而在企业内部伴随财务与业务分工，这两种信息就不能集中于同一个主体，而这两者的融合才能判断企业的生产经营活动是否有效和有多大的效率。正因为这样，在业务和财务分工的基础上关键是要实现两者信息的整合并为两者共同使用，也就是说，实践中普遍所说的业财融合是指信息体系的融合。尽管在目前许多企业都在构建财务共享中心，实现财务信息一体化，然而仍然不能很好地解决企业内外部信息的业财融合问题，只有将业务信息和财务信息有机融合，才能实现企业信息体系的一体化，也才能实现企业内外部信息的一体化。伴随以新技术为基础形成的信息体系，不仅可以将企业内外部的信息实现整合，而且能够将财务信息与业务信息进行整合，通过将作为结果的财务信息追索至作为原因的业务信息；将作为整体的财务信息追索至作为细节的业务信息；同时将作为成果的财务信息追索至作为过程的业务信息，如此等等才能实现业财信息的大融合，形成一个完整的信息网络。只有这样的信息体系才能支撑新技术条件下财务管理变革的需要。

综合上述不难看出，新技术会带来组织的变革，特别是对企业组织带来巨大变革，而组织的变革会带来财务管理的根本变化，正是这些变化需要我们研究财务管理的重新定位，以及由此带来的财务管理理论和方法的变化。

第二章 企业变革与管理咨询

第一节 企业增长极限与持续发展

一、企业增长极限概述

任何企业都不可能无限增长，许多企业发展到一定程度后就面临增长极限的限制，甚至开始停顿以至衰弱。影响企业增长极限的因素有很多，企业只有克服这些限制因素，突破增长极限，从而才能实现持续稳定的发展。

一般情况下，企业都不同程度地面临六方面的增长极限：企业领导者极限、市场极限、技术极限、管理极限、员工素质极限和自然资源极限。

（一）企业领导者极限

一是企业领导者的能力有限。随着企业规模的扩大，员工人数增多，经营范围拓宽，市场扩大，竞争更加激烈，对领导者经营管理能力的要求也越来越高，特别是战略眼光、统率能力、创新意识和科学决策等。然而许多领导者不具备这些能力，难以领导和控制一个大型化的现代企业。

二是领导者能力衰减。随着领导者年龄的老化，他们的体能、智能和领导才能也将逐渐衰退，知识结构老化，思想趋于保守，反应日渐迟钝，难以应对复杂多变的市场环境和千变万化的企业竞争，通常会使企业贻误战机。突破领导者极限的举措主要是实行集体领导的优化和领导人更新。

（二）市场极限

产品的消费需求取决于一个地区的人口总量和购买力，而人口总量和购买力都是有限的，所以市场容量是有限的，顾客对任何一种商品的需求也都是有限的，任何一种产品投放市场后都有一个为社会需求所接受的市场需求饱和度，当社会需求达到饱和时，该产品的社会产量需求就达到了极限。

由于市场容量的有限性，使得企业不可能无限制地扩大生产能力，从而也限制了企业的发展规模。如果企业不能开拓新市场或发展新的产业，要想扩大规模难度就相当大。

市场极限的突破取决于三方面：一是开发新产品；二是开拓新市场；三是扩大市场份额。

（三）技术极限

企业的生产能力一般受技术因素制约，如机器的生产负荷、生产线的产能等，即使通过技术改造挖掘潜能，其潜力也是有限的，除非购置新机器或上新生产线。

技术也决定了企业的最小经济规模。许多行业由于技术原因，企业的生产能力存在一个最小经济规模，如果达不到规模，无论怎样努力，包括技术改造、加强管理等都不可能有效益，也没有发展前途。

企业的技术开发能力也是有限的，由于人才竞争激烈，企业技术人员的流动性越来越大，致使企业的技术开发能力、生产能力和产品更新换代都受到限制。

突破技术极限主要靠留住人才、技术创新和引进新技术。

（四）管理极限

一是管理形式多样化。由于企业规模、技术水平、设备状况、员工素质、产品情况、市场情况甚至地理位置发生变化，从而使得管理形式多样化，增大了管理难度。

二是管理协调的复杂性。大企业在计划、组织、生产、经营等方面的管理呈现出复杂性。

三是利益主体的多元性。随着企业规模扩大，下属企业越来越多，投资主体、管理人员以及员工日益增多，企业内部利益主体多元化。企业管理必须最大限度地维护和满足不同利益主体的需要，才能维护企业的整体利益，从而增大了管理难度。

四是管理层次的增加：企业规模越大组织层次越多，组织成本也就越高。突破管理极限主要靠管理创新和组织创新。

（五）员工素质极限

人是企业各种生产要素中最活跃的因素，员工整体素质的高低直接决定了企业的发展极限。员工素质对企业发展的影响主要有以下几方面：

一是员工的业务技术水平：员工技术水平有限，就会使工作受到影响，从而使企业的发展受到限制。

二是员工的责任心：责任心不强，即使他的业务技术水平很高，如果他消极怠工、不负责任，就不可能做好工作。

三是员工业务知识更新速度：企业对员工培训工作重视不够，员工对自我知识更新认识不足，致使员工知识陈旧，影响新技术的推广和应用，势必影响企业的发展。员工素质的提高主要靠企业加大培训力度。

（六）自然资源极限

自然资源是指地球能提供给人类衣、食、住、行、医所需要的物质原料。陆地上重要的自然资源有六种，包括淡水、森林、土地、生物种类、矿山和化石燃料（煤炭、石油和天然气）。自然资源分为"可再生"与"不可再生"两大类。

可再生的自然资源指的是在太阳光的作用下，可以不断自己再生的物质。最典型的可再生资源有植物、生物资源、太阳能、风能等。

不可再生的自然资源主要有石油、煤炭、天然气和其他所有矿产资源。它们经过上亿年的演化才得以形成，因此不可再生。这些资源的储量随着人类的消耗而越来越少。

自然资源是有限的，绝大部分自然资源又是不可再生的，因此，企业不可能无限制地扩大生产经营规模。

自然资源极限的突破，一靠开拓新的资源渠道，二靠多元化经营。

二、企业的持续发展

所谓的企业持续发展是指企业在一个较长时期内，通过持续学习和持续创新活动，形成良好的成长机制，使企业的经济效益稳步增长，运行效率不断提升，企业规模不断扩大，企业在同行业中的竞争地位保持不变或有所提高。

企业持续发展是一个动态的概念。企业在持续发展过程中可能出现停滞或徘徊等低谷，然而都只是暂时现象，低谷之后一定会有一个新的发展阶段。因此，要从一个较长时间跨度来考察企业是否持续发展。

持续学习是企业持续发展的先决条件，而持续创新是企业持续发展的动力和途径，也是企业获得超额利润的直接来源。

（一）企业实现持续发展应具备的能力

1. 竞争能力

竞争能力是企业根据市场变化采取对策打败竞争对手和谋求生存发展的能力。企业的竞争能力主要表现在市场竞争力上，核心是产品竞争力，主要表现为：产品质量优良，品种适销对路，服务优质；价格合理；销售渠道顺畅；促销有力；销售控制到位；生产手段先进，管理水平高，成本低，资金占用少；决策迅速，信息处理快速，经营策略灵活等。

2. 应变能力

应变能力是企业适应市场和外部环境变化的能力。在迅速变化的市场中，企业只有具备较强的应变能力，才能及时根据市场变化及变动趋势做出相应对策，适应变化的市场和客观环境，才能生存和持续发展。"物竞天择，适者生存"。应变能力是衡量企业持续发展能力的重要标志之一。

3. 盈利能力

盈利能力是企业不断增加盈利、提高经济效益的能力。盈利能力是企业赖以生存和发展的最基本要求，是企业持续发展能力旺盛的重要标志。企业的盈利能力强，企业依靠自身力量进行自我改造、自我发展的能力就强。

4. 学习能力

学习能力是企业持续学习、不断更新知识、提高企业素质的能力，包括终身学习、全员学习、全过程学习和团队学习。随着组织学习能力的增强，人们不断突破自己的能力上限，拓展自己的能力；不断学习相互合作和共处，发扬集体精神和协作精神，实现共同目标。进而组织通过不断的学习，以顺应瞬息万变的环境变化。

5. 创新能力

创新是社会进步的动力，也是企业持续发展的动力源泉。企业创新包括技术创新和管理创新。技术创新可以使企业不断向市场推出新技术和新产品；管理创新则可以提高企业组织的运行效率。企业只有通过不断创新，才能以新取胜，在市场竞争中处于有利地位。如果企业没有创新能力，只能墨守成规，抱残守缺，或滞后发展，迟早要被市场所淘汰。

6. 危机处理能力

由于经营环境的变化及企业内部的各种原因，企业在长期发展过程中不可避免地会面临经营危机。因此，企业要实现持续发展，必须有应付危机的能力。危机处理能力包括：对已经发生的危机处理——启动应急预案和善后处理；对未发生危机的预防——未雨绸缪。

（二）影响企业持续发展的主要因素

1. 发展环境

企业的持续发展必须有适合生存和发展的良好外部环境。这些外部环境主要包括：公平有序竞争；政府依法行政，政策科学，依法监管和反垄断；市场体系完善；金融业资本市场为企业提供贷款和资金援助等；

2. 发展动力

创新是企业持续发展的原动力，企业只有通过创新保持技术和管理优势，才能在市场上保持强大的竞争力，从而才能长久地生存和发展；

3. 具体对策

包括良好的企业家成长机制；合理的组织机构；出类拔萃的拳头产品；持续不断的员工培训；健康向上的企业文化。

第二节 组织变革与管理咨询

一个组织要能够生存、发展、壮大并不断取得成就，就必须能够适应变化，否则就会老化、衰弱甚至死亡。组织变革就是组织为适应内外环境及条件的变化，对组织的目标、结构以及组成要素等适时有效地进行各种调整和修正的组织行为。

一、组织变革的原因

组织需要变革的主要原因包括内部和外部两方面。

（一）组织外部环境的变化

任何一个组织都无力控制外部环境，只能主动适应环境，适者生存、优胜劣汰是市场竞争法则的必然结果。如果外部环境发生了变化，组织就要进行相应的变化，以变应变，只有变才有出路，进而才会获得新的发展机遇。

（二）组织内部条件的变化

组织内部的一些条件变化会影响组织目标、结构以及权力系统等的调整，从而引起组织变革。如管理技术条件的改变、管理人员的调整与管理水平的提高、组织运行政策与目标的改变、组织规模与业务的扩张、组织内部运行机制的优化、组织成员价值观的变化等。

二、组织变革的方式

组织针对现存的问题和面临的内外环境变化，以及所选定的组织变革方向、目标和内容，需要采取适当的方式对现有组织进行改造和变革。组织的变革主要有以下三种方式：

（一）改良式变革

通常是在原有组织结构框架内做些小改革，是量变式的局部改革，涉及面不广，阻力也较小，有利于组织的稳定。主要解决机构臃肿、人浮于事、经费超支等较为单一的管理问题。对管理职能强弱的调整也有一定的效果。如局部改变某些科室职能，新设某些机构，新任命某些人员，或小范围地精简、合并或撤销某些部门等。但这种变革只涉及组织的表层问题，是一种以控制管理组织规模为主要目的的变革。

（二）革命式变革

一般是质变式和突变式的变革，以解决组织的深层次问题为重点，使组织效能和内部关系发生根本变化。这种变革通常通过断然采取革命性的措施，彻底打破原有的框架，在短期内迅速完成组织机构的重大改组。如从直线职能制结构改组为事业部制结构，组织之间进行合并，组织内部进行分立等。由于涉及面广，变革力度大，容易引起员工的抵制。这就需要领导人有魄力和能力，计划周密，措施得力，如果成功将会使组织脱胎换骨，重新焕发出生机和活力。而一旦失败，也可能使组织从此一蹶不振，元气大伤。这就需要组织的最高领导者谨慎行事。这种变革方式特别是当其他配套措施未能及时跟上时，容易造成疏漏，甚至半途夭折。

（三）计划式变革

这是一种主动思变式、分阶段进行的变革。首先对改革方案进行系统研究，制定和规划出理想的变革模式，然后有计划、有步骤地分段实施。这种变革可以逐步释放可能引起的组织震荡，但见效较慢，效果不明显，可能还会有副作用。因此，通常适用于客观因素发生重大变化，需要进行广泛、深入、大规模的组织变革，而内部承受能力和外部条件还不能短期适应的情况。组织若能在危机来临之前主动进行组织变革，就可以避免在组织危机之际被动应变式地仓促进行组织改组。

按照变革方案的形成过程还可分为以下三种形式：

1. 强制式变革

指变革涉及者不参加变革方案的制订过程，所形成的变革方案一般通过强制命令付诸实施。强制式变革方案的制订过程比较短，但由于有关人员对变革没有事先准备，推行中可能面临很大的阻力。

2. 民主式变革

与强制式变革截然相反，在变革涉及的有关人员相互协商基础上形成变革方案。民主式变革在推行过程中阻力较小，然而变革形成的过程历时较长，因而整个变革见效较慢。

3. 参与式变革

亦称民主集中式变革。在变革方案形成过程中广泛动员各层次人员参与，在制订变革方案时充分考虑推行的各种条件，并引导人们的思想观念，以协同贯彻变革方案。其优缺点介于强制式与民主式之间。

三、组织变革的实施

（一）充分论证

由于组织变革涉及面广、工作量大、敏感而复杂，这就要求在正式实施前做深入细致的调查研究，全面规划设计论证，确保组织变革取得预期成效。领导者要避免心血来潮、朝令夕改，禁忌变革方案不成熟，以"摸石头过河"的试验方式进行组织变革。

（二）全面动员

管理者要做好变革宣传工作：变革的目的、目标、原则、程序和方法；艰苦性和复杂性；有利条件与时机。以保证变革的平稳与科学，提高员工的认识，增强变革的信心，从而形成全员参与的局面。

（三）精心组织

组织变革要有条不紊、循序渐进。要在科学设计组织变革方案的基础上，强力推进，并注意突破难点，抓住重点，克服弱点，消除盲点，各方面协同、配套改革，以实现整体推进。要注意把组织结构变革与提高成员素质紧密结合，不论什么样的组织，没有人的素质提高，最终不可能达到组织变革的目的。把组织结构的变革与建立健全管理制度结合，把改革的成果用管理制度的形式规范和巩固。还要注意做好思想工作，善于转化矛盾，减少冲突，消除阻力，确保变革顺利进行。要处理好组织改革与保证开展正常的组织运行活动的关系，保持组织运行的连续性，不能停业搞改革，同时不能把改革当成最终目的。

（四）消除阻力

组织的变革往往是大势所趋，不以人的意志为转移。但是，要注意组织变革中的策略性，消除阻力，保证组织变革的顺利进行。

四、组织变革的阻力

组织变革的阻力是多方面的，主要的是人性与社会的因素，人们认为变革会威胁自身的安全，减少经济收益，影响他们对所处环境的感觉、情绪与文化的价值。

（一）历史的惯性和惰性

变革的阻力有一部分是来自人类本性中的惰性，人们已习惯于原有的一切管理制度、作业方式、行为规范，任何变革都将会使他们感到不习惯、不适应，都将会威胁到原有的安全与内心的平衡，因而产生不安全感。在管理实践中，有些组织成员反对变革，并非有正当的理由，通常就是因为内心莫名其妙地恐惧变革。有些成员懒惰，认为多一事不如少一事，不改不变最省事。因此，他们宁愿抱残守缺也不愿尝试变革，结果往往导致组织丧失变革的最佳机遇，等到组织非变革不可的时候，变革的成本就增加了。

（二）威胁既得地位和利益

当变革不仅不触及自己的切身利益，甚至有可能增加他的利益时，他都会由衷地拥护和支持变革。然而变革有可能损害他的既得利益或缩小他的权力，或降低在组织中的地位，或劳动强度加大，或工作自由度减弱，甚至可能导致他失业时，就会极力反对变革。这是变革中发生正面冲突的主要原因。

（三）未看清未来的发展趋势

有时有些人之所以反对变革，是因为对未来的发展趋势缺乏清醒的认识，对环境给组织造成的压力认识不足，缺乏危机感，总感觉组织目前所处的环境还良好，足以应付任何挑战，对未来的看法有一种盲目的乐观。在这种情况下，人们通常拒绝变革。这种盲目性往往会给组织未来的发展埋下隐患和灾难。

（四）对发起变革的人抱有成见

某些人之所以反对变革，并不表示他们反对变革本身，他们甚至对变革本身并不真正了解，也不想去了解，而是对发起变革的人心怀成见，看到是由他所不喜欢的人发起了变革，就从感情上拒绝，产生十分盲目而强烈的抵触情绪。这种情况普遍存在于一般组织之中。因此，在进行组织的变革时，一定要注意选择容易为大多数人所接受的改革推动者人选，以尽量减少变革的阻力。

（五）对改革缺乏信心

有些人之所以反对变革，主要是对变革缺乏信心，怕变革失败，怕变革出乱子，怕受人指责，怕担风险。因此，不想做先行者，对待组织变革没有热情，期盼他人提出成熟的经验后再改，缺乏改革必需的勇气和必要的心理承受能力。

五、克服组织变革阻力的咨询要点

（一）保持公开性，增加透明度

对组织的运行环境、面临的困难与机遇等，要开诚布公，从而使组织全员形成共识，增强变革的紧迫感，扩大对变革的理解，使组织变革有广泛、牢固的群众基础。让有关人员参与变革的计划，使变革的赞成者与反对者增进交流，了解反对的正当理由，并设法减轻其不必要的恐惧，则可以减少变革的阻力。

（二）以人为本，增进信任

改革的根本动力是对组织成员的利益改善，只要改革坚持以人为本，满足成员的合理需要，进而使人们深刻认识到如果不实施变革，将会威胁到整个组织和员工的生存和发展，使参与变革者认同变革将减少而不是增加其负担，就能因势利导和整合各种力量，就会减小变革的阻力。

（三）加强培训，提高适应性

通过有组织的培训教育，使成员接受新观念，掌握新技术，学会用新的观点、方法来审视和处理不同形势下的各种新问题，从而增强对组织变革的适应力和心理承受能力，增进他们对组织变革的理性认识，从而减少改革的观念阻力和心理阻力。

（四）起用人才，排除阻力

要大胆起用富有开拓创新精神、锐意进取、目光远大且年富力强的人才，把他们充实到组织的重要管理岗位，为实施变革提供组织保障。组织变革首先是人的观念变革，如果某些人不能换脑筋，就需要换人，这是变革所必需的。

（五）讲究策略，相机而动

变革不是蛮干，要特别注意策略和艺术。当组织变革的大政方针决定以后，变革的策略就成为保证变革成功的关键举措。因此，变革要选准好时机，循序渐进，配套进行。在变革前，应详细分析可能发生的各种问题，预先采取防范措施，从而为组织创造最佳的变革环境与变革气氛。在变革中，做好变革计划的信息反馈与宣传解释工作，从而使参与者之间彼此相互接受、相互信任和相互支持，则可以减少变革的阻力。

第三节　企业再造与管理咨询

一、企业再造概述

企业再造（Reengineering）也叫企业再生工程，该理论的创始人为美国麻省理工学院教授迈克尔·哈默（M.Hamer）和詹姆斯·钱皮（J.Champy）。

企业再造是指为使企业关键的绩效指标（成本、质量、服务和效率）获得显著的改善，而对企业过程进行彻底的重新再思考和根本性的重新再设计。即"从头改变，重新开始"。企业再造的指导思想是，为了从总体上满足顾客的需求，满足企业在质量、服务、柔性和低成本等方面的现代化要求而追求和保持过程的简化。再造工程为企业在动态多变、竞争激烈的市场环境中获得竞争优势提供了新思想和新方法，从而给企业经营带来新机会。

（一）企业再造的特点

1. 打破常规

再造工程首先向管理者提出的问题不是"如何把正在做的事情做得更好、更快、更省"，而是首先就公司及运营方式提出一些根本性的问题，如公司必须做什么以及怎么做，即"为什么要做我们所做的事？""为什么要用现在的工作方法做事？"这些根本性的问题就是要求管理者对所用管理方法基于的不成文规则和假设进行观察和思考，以发现这些规则和假设是否已经过时，是否错误和不适用，进而从思想上破除对旧有的管理原则、模式和方法的迷信和依赖。

2. 革新

革新不是对既定的现存事物进行肤浅的改变或调整修补，而是抛弃所有的陈规陋习及忽视一切规定的结构与过程，对事物追根溯源，创造发明全新地完成工作的方法。它是对企业进行重新构造，而不是对企业进行改良、增强或调整。因此，只有当公司需要彻底改变时，才应实施再造工程。

3. 目标远大

企业再造不是要取得小改善，而是要取得业绩上的突飞猛进。企业再造的改进目标十分宏伟，这是企业再造与全面质量管理（TQM）等其他现代管理技术的一个最大的不同。宏伟目标要求高层管理者必须有雄心壮志和成功的欲望，必须乐于冒险、嗜好变化。由于宏伟目标增加了企业再造的难度和风险，因此，再造工程需要艰苦的工作，需要长期的行动，而不是暂时措施和权宜之计。

4. 以过程为导向

在实施再造工程中，管理过程的再造最重要。所谓过程是指利用一种或多种输入来创造载有顾客所需要价值的输出的一系列活动。任何一个过程都包含三个要素：输入、输出和把输入转变为输出的活动。管理过程的再造是企业再造工程的中心，要注重过程的输入、输出和活动三要素，还要重视过程的系统性。

5. 创造性地应用信息技术

在企业再造中，需要思考如何使用新技术去完成现在人们还没有做的事。信息技术可以帮助企业打破陈旧的制度并创建新型的过程模式，使组织能够以完全不同的方式进行工作。然而企业必须改变技术的形式才能实现再造，如果错误地使用技术，力图用技术强化旧的思想方式和旧的行为模式，只会对企业再造产生障碍。

6. 需要新的价值观和企业文化

企业再造不是不要管理层次，不是取消等级结构，也不是简单的组织扁平化，而是一场深刻的企业文化，特别是价值观的革命。企业文化是企业的物质和精神财富的总和。价值观是企业文化的核心，是企业成员对企业生产经营和目标追求的总体评价与总看法。价值观作为群体意识，支配着人们的行为，为企业的生存和发展提供基本方向和行动指南。企业不同，需要不同的价值观和企业文化，从而实施再造的企业也需要一种人性化和主动式的企业文化及理念。

（二）企业再造的动因（3C）

1. 顾客（Customer）

自 20 世纪 80 年代以来，顾客开始处于买方市场的主导地位并起决定作用。需求也开始多元化和个性化，个体顾客的概念取代了整体顾客的概念，大规模市场需要分解成细小市场甚至单个顾客，企业必须面向有个人爱好和兴趣的顾客。

2. 竞争（Competition）

现代企业之间存在多样化的竞争，国内竞争与国际竞争融为一体，企业需要整体竞争力才能获取竞争优势，如果不能经常更新管理法则、经营法则和对新技术的开发，就会在市场上失去立足之地。

3. 变化（Change）

顾客在变化，竞争也在变化，变化无处不在，并且变化的速度在加快，内容丰富，持续不断。企业必须关注经营环境的各种变化，迅速行动，及时对组织进行再造，从而使自己处于竞争的优势。

二、企业再造与管理咨询

（一）企业再造管理的误区

1. 不以经营过程为中心

过程是企业的核心，也是再造工程方法的着眼点。若企业未建立起必要的工作过程，就谈不到授权。"团队""授权"等抽象组织特征的描绘是所设计经营过程的结果，"创新"

也是设计良好的过程的结果。不着眼于经营过程的再造，"创新"也会成了无本之木，无源之水。

2. 限定再造工程的范围及所要解决的问题

再造工程需要明确目标和要解决的问题以及范围，这些是再造工程本身的步骤。这些信息应通过再造工程小组的努力来获得，在这个过程中需要高层管理人员的配合，然而问题和范围不能被管理人员限定。

3. 仅把经营过程的再设计作为目标

企业再造不仅仅是经营过程再设计，还包括将新设计方案付诸实施。再造工程的成功与失败不仅取决于设计方案的质量，还取决于如何实现它。

4. 满足于微小的改善

伟大的成果，需要伟大的勇气。采用更容易的方法和满足于微小的改善，往往具有很大的诱惑力。从长期来看，微小的改善从根本上说不能称之为改善，而是对改善的损害。逐步改善将使当前的经营过程复杂化，更加有害的是，采用逐步改善的方法会进一步加强"渐进主义"的企业文化，从而使企业失去勇气和活力。

5. 同时进行多个再造工程项目

由于管理人员的精力和时间有限，需要兼顾的项目愈多，项目获得的关注愈少。如果在给定时间内把精力分散于多个项目中，既会削弱再造工程的效果，也会给企业带来混乱。再造工程的实施不在于项目多少，而在于选择企业关键的经营过程，也就是说，首先应选择那些对企业经营目标有最大影响的过程。

6. 过早地放弃

许多企业缺乏战胜困难的勇气，当遇到困难时就放弃再造项目或者降低再造目标，或者取得了一点成功时就放弃了再造工程的努力，并把最初的成功当作放弃进一步努力的借口，从而使企业失去获得巨大回报的机会。

7. 拖延得太久

企业再造对企业的每个成员都有心理压力，拖延过久会使这种压力加重。一般而言，一年时间是足够长的周期。若拖延更长的时间，人们可能会对项目变得不耐烦，从而降低人们的努力程度。

8. 安排不合适人员领导企业再造

高层管理人员的领导是再造工程成功的必要条件。由于经营过程的再造不可避免地带来组织结构和管理系统的变化，高级职位的竞争者或退休者不适合承担企业再造的领导职能。由于即将退休的高级主管可能不再想处理复杂的问题或者不想制造约束继任者的框框，高级职位的竞争者会刻意突出个人表现，而不是作为再造团队整体的组成部分而尽心尽责。这些竞争者会尽力避免冒险，从而以便获得继任的资格。

9. 容忍现存的企业文化和管理态度，阻碍再造工程的开展

一个有民主传统的企业，其员工会觉得自上而下实施的再造工程是对其感情的冒犯；

在那些只注重短期效果的企业，人们难以认同再造工程的未来远景；不愿意面对冲突的人们，会觉得打破长期以来的经营规则让人难以接受。因此，管理人员必须明确：再造工程项目之所以失败，不是因为人们抵制变化，而是因为管理人员的粗心大意。管理者不应对人们的抵制态度和行为感到奇怪。抵制行为是不可避免的，关键在于预见并克服这些障碍。

（二）企业再造应遵循的原则

企业再造的成功受多种因素影响。为避免再造工程的实施陷入困境，管理者应遵循下述原则：

1. 着眼于企业经营过程

企业再造应把精力放在那些能产生最大收益的企业经营过程，对这些过程进行重新设计，而不是从企业的部门或其他组织单位入手。只要对过程实施了再造，完成工作所真正需要的组织结构形式将会变得越来越清晰，这种新的组织结构形式也许不像原来的组织，有些部门或单位也许会消失。企业内部原来的工作名称、组织安排、部门、分工、集团等概念已不再重要，重要的是我们应如何组织今天的工作。企业再造要打破传统的思考方式并以作业流程为中心来实施改造，包括把分散在各项部门的作业整合成单一流程，以提高效率；以平行作业取代顺序作业；组织扁平化，以提高企业内的沟通效率。

2. 改变现存的经营过程

管理者常常愿意在现存的经营过程基础上进行组织重构、精简机构、激励职员等，这无须改变经营过程和支持过程的基础设施和制度。只要改变人们的工作方式，比根本的改造和重新开始来得更容易些。但企业通常为避免重新设计经营过程而陷入更大的麻烦之中，会付出更大代价。渐进主义的改造方法是一条阻力最小的路，但也最有可能造成再造工程失败。

3. 要系统地考量与经营过程相关的因素

企业再造最终将带来经营过程的各方面变化。与过程相关的各方面，如工作方法、组织结构、管理系统都必须做出相应改变，使企业经营系统协调一致，这样才能使当前衡量绩效的尺度，如成本、质量、服务及速度等方面获得显著提高。

4. 高层管理人员创建价值观，并加以推行

在实施再造方案过程中，由高层管理人员建立和培育新的价值观和信念，并由高层管理人员自上而下地推动项目的进行。由于中下层职员缺乏足够的知识、经验和权力，所以应由高层管理人员直接领导企业再造。

5. 要协调好再造工程项目之间以及与企业其他经营改善项目之间的关系

在一定的时间内，只能将再造努力集中于少数几个过程中，对需要再造过程的重要性加以排序，协调再造工程的各个步骤、各个项目，并与企业的长期规划保持一致，然后选择最重要的过程重新设计，以获得管理人员的充分支持。若企业正在实施一些其他的经营改善计划，必须弄清再造工程与它们的区别和关系，并由高层管理人员负责协调，从而避

免混乱和项目间的资源冲突。

6. 要重视再造工程项目的后续管理

再造工程不是一蹴而就的，它只是拉开了企业经营管理变革的序幕。随着再造工程为企业勾画的远景的实现，企业与当初已经根本不同了。接着，新的再造需要又会产生，企业又将开始新一轮再造过程。管理者的长期目标应是为企业建立起不断再造的能力，把变化看作是日常的工作，而不是痛苦的经历。因此，需要对再造工程的后续阶段有更长期的规划和展望。

（三）企业再造的其他咨询要点

1. 企业再造与领导者的作用

领导者是企业再造成败的关键。缺少领导者企业再造工程便不可能发生；即使有了领导者，再造工程也已经开始，如果领导者努力不够也可能会失败。因此，领导者的坚定信念和持久的热情是企业再造的力量源泉。

再造工程的领导者必须是一位领袖，有足够的权威和影响力，有威信号令整个企业进行一场彻底变革，能够说服全体员工接受再造工程带来的激烈变动；领导者必须理解再造工程，并对项目直接负责；领导者需要身先士卒，首先改变自己，以自己的行动培育新的企业文化。

领导者实现领袖作用的途径主要有：反复向员工传递再造的信息；做出行动以证明领导者的言行一致；使用管理系统加强再造工程。

2. 企业再造与管理者的观念

许多高管人员喜欢听介绍全新的过程概念，描述它将产生的效果；但不满意再造工程人员解释需要重新设计经营过程、重新定义管理的权利和责任、建立新的奖励制度、建立新型的工作关系。然而如果管理不变，再造工程就会在各个环节受阻。管理者必须认识到"重建企业是再造工程的意图"，否则，只能将再造工程的努力引向失败。

管理者最根本的忧虑是再造使他们失去控制权力、失去对组织的控制。他们往往认为，如果管理者不去控制，企业就会一片混乱。许多管理者承认，希望能时刻控制绝大部分职员，也承认最难的事是授权。尽管他们意识到授权是正确的，然而在某些情况下，思想上却不知不觉地倾向于等级观念，喜欢自己说了算，而不愿与下属商讨寻求一致；有时放了权，但很快又想自己决策，并要求别人照此执行。管理者必须接受一个绝妙的矛盾：在相当多的时候，实现控制的唯一方法就是放弃控制，尤其在面临重大威胁或机遇时更是如此。

管理者必须抛弃做任何事情都有一种永恒的、普遍正确的方法的观念。管理者应不再局限于单一思维，而要学会多元化的思维方式。不能把人（包括管理者自己）仅视为具有一种技能的人，而应是多面手、具有多种潜能的人。单功能部门的思想要让位于多价值团队。公司必须从单一目标转为全方位目标。企业不能再把自身定位为一个中心的专权组织，而是开始以多中心或联邦制为方式的组织定位。管理者的观念必须从热衷于扩张，拓展到一个古老但近来才被重新发现和重视的导向：服务！

任何企业都不可能无限增长，许多企业发展到一定程度后就面临增长极限的限制，甚至开始停顿以至衰弱。影响企业增长极限的因素有很多，企业只有克服这些限制因素，突破增长极限，才能实现持续稳定的发展。

企业持续发展是指企业在一个较长时期内，通过持续学习和持续创新活动，形成良好的成长机制，促使企业的经济效益稳步增长，运行效率不断提高，企业规模不断扩大，企业在同行业中的竞争地位保持不变或有所提高。企业持续发展是一个动态的概念。持续学习是企业持续发展的先决条件，而持续创新是企业持续发展的动力和途径，同时也是企业获得超额利润的直接来源。

组织变革是组织为适应内外环境及条件的变化，对组织的目标、结构以及组成要素等适时有效地进行各种调整和修正的组织行为。

在组织变革过程中，要减少和消除阻力，应采取如下方法和措施。①保持公开性，增加透明度；②以人为本，增进信任；③加强培训，提高适应性；④起用人才，排除阻力；⑤讲究策略，相机而动。

企业再造是指为使企业关键的绩效指标（成本、质量、服务和效率）获得显著的改善，而对企业过程进行彻底的重新再思考和根本性的重新再设计。

企业再造具有以下特点：①打破常规；②革新；③目标远大；④以过程为导向；⑤创造性地应用信息技术；⑥需要新的价值观和企业文化。

企业再造的成功受多种因素的影响。为避免再造工程的实施陷入困境，管理者应遵循下述原则：①着眼于企业经营过程；②改变现存的经营过程；③要系统地考量与经营过程相关的因素；④在实施再造方案过程中，由高层管理人员建立和培育新的价值观和信念，并由高层管理人员自上而下地推动项目的进行；⑤要协调好再造工程项目之间以及与企业其他经营改善项目之间的关系；⑥要重视再造工程项目的后续管理。

第三章　企业战略变革管理

第一节　企业战略管理的重要性与精准化

企业战略与企业的生存发展有着直接联系。新时期在市场竞争不断激烈的情况下，企业面临着严峻的挑战。因此，企业必须要加强战略管理，针对企业的资源配置、发展方向进行完善的规划，从而保证企业能够提升自身的竞争力。

一、企业战略管理的重要性

企业战略必须要保障实质性，一是在企业发展目标的基础上提供准确的分析框架；二是企业战略管理必须要充分利用市场机会，把握市场发展的趋势，从而能够对企业战略自身进行合理化调整，逐步适应市场的需求；三是企业战略管理必须要适应企业自身的能力，与企业的资源之间进行合理配置；四是企业战略的管理必须要根据企业管理能力来决定企业能够接受的风险度；五是企业战略管理与企业的文化建设以及管理者的价值体系之间必须要达到融合。

企业战略直接关系着企业的生存基础以及未来的发展方向。因此，加强企业战略管理可以提升企业的核心竞争力，保障企业稳定持续发展，并且能够帮助企业树立合理的、长期的发展目标，逐步减少当前的短期行为。企业在实际发展时必须要针对每一个战略进行强化管理，并且将企业的产品服务转化为市场效益，同时也要提升企业的形象确保企业的价值，企业战略主要是强化企业自身的竞争优势，从而通过资源的合理配置以及业务的合理化应用来促使企业能够形成长效的竞争力。

二、企业战略管理存在的问题

企业战略管理应用过程中存在众多因素的干扰。企业战略的制定以及企业战略管理的应用受到了众多因素的影响，包括宏观环境、人为因素以及其他干扰因素。例如，政府监管体系不完善、法律政策体系不完善以及市场发育不成熟等，都会对企业战略管理的制定产生较大影响，甚至促使企业的战略出现先天性不足的问题。

企业战略管理的不确定性。由于企业在实际发展中受到外界环境的影响，因此企业战略的制定可能也会存在较大的不确定性。企业需要根据战略管理理论中的相关方法，对市场进行充分分析：包括竞争对手的情况、供应商的行为以及客户的需求。然而，这些因素却具有较强的不确定性，对于企业战略的实施产生了较大的影响，甚至是企业战略的有效性、准确性严重不足。同时，在企业战略管理中市场的众多行为导致了企业战略的制定偏离市场环境，从而影响企业自身的规范性发展，众多战略都无法付诸实践。

企业战略执行力不足。由于企业战略制定以及执行过程中缺乏较强的系统性以及规范性，因此企业战略与企业实际发展情况不符合，导致了企业战略执行性较差。在企业战略管理中高层的意识不足，甚至是信息自上向下进行传递的过程中出现了损失的问题，这就导致了企业战略管理水平不足，严重影响了企业战略的执行效果，这对于企业后期的发展是非常不利的。

三、企业战略管理精准化的优势

更好地应对企业战略管理中的问题。企业战略管理的精准化主要是围绕中心工作开展，并且明确战略管理中的主要以及次要矛盾。从企业实际发展中可以看出，战略管理要求对象精准、项目安排精准、资金使用措施精准、执行精准。因此，通过精准化的管理可以把握企业战略管理中的重要内容，把握其中的弱势，并且能够将企业的战略实施到实处。精准化管理的思维可以体现在企业战略管理的多方面，把握核心的要义，在全面落实之后可以推迟企业管理方式的变革，并且促使企业管理水平的提升，这使得企业自身价值创造的能力也可以得到大幅度提升。企业的战略管理涉及企业每一个层次，包括企业的战略制定、实施以及评价，为企业日后的发展打下坚实的基础。因此，针对企业战略实施精准化管理，可以使得企业的战略管理更加科学，可以适应环境的需求，注重企业的战略管理保持长期性。

提升企业的竞争力。企业实施战略精准化管理，必须要求从整体的方向来进行，保证企业战略的系统性。企业的战略必须要作为完整的过程来实施，是企业不可分割的组成部分。企业战略管理强调了整体性优化，因此通过企业战略的精准化管理，可以对企业的宗旨、目标、决策进行有效协调，对于各个部门的行为进行强化控制，这就可以促使企业战略管理从计划、组织、指挥、协调、控制等多方面来进行深入贯彻，确保企业管理目标、对象资源、投入保障措施、责任主体以及战略成效的精准化，可以突出战略管理中的重点问题，并且能够在这些关键问题的基础上，对各个部门实施精确要求，保障企业的经营发展能够实施精确的管理，并且攻克战略管理中的重点问题。精准化管理是一种重要的方法，体现了企业管理从经验向数字化方向的转变，也体现了企业的管理能力，主要展现在企业日常的经营、措施、绩效评价等，对于企业的整体性发展是非常重要的。因此，企业战略管理的精准化可以促使企业能够以市场为导向，实施整体管理的优化，并且能够以人为本，从而达到企业的战略管理目标。

四、企业战略管理精准化的策略

提升企业管理人员的意识。为了促使企业战略管理能够实施精准化，必须要求管理者树立精准化管理意识。只有企业高层领导明确企业战略管理的精准化，才能够从战略目标、实施计划进行严格把控，并且从企业发展的全局出发，把握企业战略精准化管理的节奏。同时，在高层人员明确战略管理精准化的重要性之后，就可以自上而下形成良好通道，要求基层人员能够在各个环节实施精准化的管理方式，并且发挥企业主体人员的积极性，保证企业战略管理精准化的理念在企业发展中得到充分发挥。同时，在企业实际发展管理中，必须要从管理理念中进行突破，从而有效地实施企业战略管理精准化的理念、方法，对于企业的战略目标计划进行有效整合，不断地优化企业的资源配置，进而促使企业战略管理能够向着现代化的方向进行转变。

健全企业战略管理精准化的制度。企业的制度是影响企业战略管理的重要因素，因此，为了保证企业战略管理精准化能够深入贯彻到每一个经营环节中，必须要求企业健全当前的制度，提升内部的经营效率，提升企业投资决策的精准化，并且提升企业内部的凝聚力。企业在对于战略管理精准化制度进行完善时，要从企业整体发展的角度出发，把控企业战略管理的每一项要求，尤其是关于企业战略的制定、规划、实施、评价等多个层面，从总体层、业务层、职能层多个层面来出发，保证战略管理的精准化要求。

保证企业战略管理精准化深入每一个环节。企业战略管理中涉及组织的宗旨、目标、战略管理、环境分析管理、组织资源分析管理、战略制定管理、战略实施管理以及评价结果管理。企业在制定战略之前，必须要明确发展的目标，分析市场的环境及企业自身的情况，在这些基础上制定实施战略，最后进行评价。因此，为了确保企业战略管理的精准化，必须要从以下步骤出发：一是在确定企业发展目标时，必须要了解企业的指导方针，从而明确其实施的战略性质；二是对外界环境进行分析时，为了保证管理的精准化，必须要结合企业自身的发展情况，应用信息化技术，例如，大数据技术能更加准确地获取市场方面的数据，重点把握环境的发展趋势，从而能够结合精准化的管理方式，发现市场环境中存在的机遇和威胁；三是企业在对于自身进行分析时，也必须应用精确转化的手段，结合先进的信息技术，来了解企业自身的优势以及劣势，从而获取关于企业自身的报告；四是在针对企业战略进行制定时，必须要从公司层面、业务层面、职能层面来进行针对性的确立，从而保证这些战略具有精准化的特点，从每一个环节组织中寻求精准的定位；五是在战略实施的过程中，必须要保障战略实施的效果，对于战略实施的每一个环节实施精准化的管理。最终在对战略管理进行评价时，必须要明确战略的效果，并做出相应调整。

保障信息技术的应用。新时期企业战略管理的精准化必须借助于信息技术手段的支撑，尤其是与互联网技术之间进行对接，借助于大数据技术、云计算技术等现代信息技术，建立信息共享、信息跟踪、信息收集的系统，从而为企业实施精准化管理奠定良好的基础。

同时，借助于信息化技术可以对企业的经营业绩进行精准化考核，针对不同的工作建立不同的考核目标，实施不同的评估方案，从而最终能够促使企业战略的落实以及执行。

第二节　企业战略变革的影响因素

时代在进步，各项改革必不可少，能够经得起改革考验的企业才是能长期持续发展的企业。变革实践是企业组织管理的重要组成之一，长期固定不变的企业发展战略对企业未来持续发展是有害无益的，只有寻求一种能让企业稳中求进的改革策略，才能够让企业的组织效益提高和可持续发展。如今经济高速发展，我国各大企业均面临着严峻的战略改革考验。企业成长过程就是企业战略不断变革的过程。一个在这种动荡中顽强生存的企业，其可发展性和可持续性给我们展现了企业管理战略变革的成功。因此，对于我国企业的可持续成长，分析和探索如何成功管理企业战略变革，对于现在的企业管理方式的选择是具有重要意义的。

一、企业战略变革研究的理论基础

企业战略变革管理是一项难度大、较为复杂的管理系统工程，历来的学者根据不同的研究对象和研究方法得出的结论也是不一样的。因为不同的研究人员研究侧重点不同，所以得出结论的侧重点也是不相同的。根据古今中外研究学家的结论结果分析，虽然有小部分的差异，然而大体上还是有相似的地方。目前较为认可的理论是：战略变革是指动态的协调企业和客观环境通过企业的管理战略内容的实施，从而达到获得企业竞争优势。

二、组织学习视角下企业战略变革的影响因素

企业战略变革是要符合该企业发展前景和需要的，根据实际情况制定出好的发展模式，不仅可以让企业在勇于创新发展的道路上越走越稳，还能因战略变革的量体裁衣而使企业在竞争中突出重围。时代在变迁，社会在高速发展，一切事物都是随之变动和缓慢发展的，摸着石头过河差不多是每个企业的基本现状，对于不同时期和不同成长背景，企业对于战略改革模式的选择不能够一成不变，要做到具体问题具体分析，没有最好的改革模式，只有最实际、最合理、最合适的改革模式。虽然选择合适的企业战略改革模式难度很大，然而其重要性更是不言而喻，只有克服种种难题才能达到期望的效果。

（一）企业的外部环境

影响企业的因素太多，内部因素和外部因素并存，相比之下外部因素对企业影响较大。企业外部经营环境是不断变化的，可直接影响到企业管理模式、改革方向、战略手段等，只有顺应时代变迁和历史变革，遵循与时俱进，与社会大体变革同发展、同进步，这样才

能在复杂、不稳定、动态的环境下得以生存和适应。

（二）企业生命周期

每个企业都有生命周期，也都会历经创业期、成长期、成熟期与衰退期四个阶段。任何事物都有逐步成长的过程，从创业初始到企业成长青春期再到企业经济实力的雄厚，最后到企业经济萧条，这一系列都是企业的生命周期。旧事物总是因新事物的到来而逐渐隐退的，在这高速发展的社会，新生事物层出不穷，只有顺应更替才能找到适合企业发展的改革模式。伴随着企业生命周期发展的需要，企业战略变革模式随之产生，进而促进企业持续、稳定、快速发展。

（三）企业文化

一个企业有理念和发展目标等就是企业文化的体现，没有企业文化的企业是不能够顺应社会变更并得到长期可持续发展的。有研究者在研究过程中发现企业战略变革和企业文化有关，只有构建起企业文化，才能判断企业战略变革的程度。企业价值观和文化交流的相互融合才是企业战略改革形成的必要过程。一个企业的战略改革反映出该企业的文化，与此同时，企业文化又反过来制约和影响该企业战略改革的形成和实施。

（四）最高管理者

最高管理者具备强大的战略管理能力，将为成功管理企业战略变革奠定坚实的领导力基础。在一个企业当中如果没有管理者的统一管理，企业的各个部门将会是一盘散沙，显然管理者的作用就是用条条框框去束缚人们的行为。制度是靠管理者去制定，将制度以上向下执行是要靠人去采取行动的，确保执行者的高素质、高思想境界、高人品就是保证执行力度和执行效果的根基所在。严格执行、公私分明这样才能让管理制度在企业中得以存在，才能使企业的发展得到稳定的进行。企业领导者和企业员工的素质高低直接影响着企业的发展，最高管理者的品行、素质、能力问题是不容忽视的。在竞争日趋激烈的今天，最高管理者的战略能力对于企业的战略变革起着至关重要的作用。提升自身文化水平、提高自身分析和解决问题的能力、拥有与企业共进退共成长的大无畏精神等是企业最高管理者要具备和培养的素质，只有具有战略能力和长远战略眼光的优秀最高管理者，才能发现时机，充分发挥其长远战略运行计划，从而让企业在经济动荡的时代背景下稳定、健康地发展和生存。

（五）企业组织架构

企业组织架构的灵活性或组织柔性与战略变革能否有效实施密切相关。变化是企业战略变革的客观需要，而适应变化则是战略变革有效实施的必要条件。企业组织架构越灵活，组织柔性程度越大，企业越能够及时适应变化，进而促进战略变革的有效实施。这是因为，组织柔性程度越大、组织架构越灵活、越便捷，组织就越能够以最短的运行时间、最小的运营成本、最少的经历代价和最小的业绩损失对环境变化做出及时有效的调整和反击，从而体现出较高的环境适应性，促使企业战略变革的有效实施。

企业战略变革与诸多因素有关，一个企业解决好内外部因素，然后结合企业自身的实际情况，这样就能够将企业战略的改革和完善度不断尽善尽美。只有最高管理者的文化素质和战略能力提高，才能让管理战略能够保质保量地实施，才能让企业在稳定中求发展、求进步，从而提升企业在国家这个大舞台的竞争力。

第三节 战略管理的企业薪酬管理变革

随着我国经济发展日益快速性与规模化，企业作为经济发展中的重要组成部分，有其相对的重要性及影响性。我国企业发展之路较为艰辛复杂，企业薪酬管理也随着不断变革及创新。本节通过对基于战略管理下企业薪酬管理变革进行分析研究，将其问题的实质性进行重点阐述，促使企业薪酬管理与企业战略发展相结合，并提出相对优化措施，为其下一步的工作开展提供相关参考。

战略管理已经成为我国企业改革的重要推手及方向，通过战略管理理念灌输及形式应用，对提升我国企业市场竞争力提供重要基础前提。本节通过对战略管理下企业薪酬管理变革的分析研究，将战略管理下的企业薪酬管理变革之路进行全面论述，并对其提出建议，从而为我国企业战略薪酬管理体系构建打下重要基础。

一、企业战略管理概述

随着我国市场经济迅猛发展，企业作为我国经济发展的重要基础性保障行业，具有相对的重要性意义。现代化企业思维模式提升了企业发展及规模壮大的规律性。其中，企业战略管理作为企业生存发展及规模壮大的重要基础核心，日益成为当下重要议题。企业战略管理不仅是单一片面的管理流程，而是更为科学、系统的企业发展战略布局。企业战略管理不同于以往的经营运行管理，它是以企业为核心，以内部创新与外部融合为手段，站在战略发展的角度对其企业进行长远的规划布局与管理应用。企业战略管理主要包括：人力资源管理、内部控制管理、运行模式管理、财务薪酬管理等。当中最为重要的是"企业薪酬管理"，我国企业发展之路较为漫长，改革开放以来企业薪酬管理在不断创新与改革中前行，本节主要基于战略管理下对企业薪酬管理的变革创新进行分析研究，将企业薪酬管理的实质性与突破性进行具体论述。

二、我国企业薪酬管理的发展与变革

由于我国长期受计划经济体制影响，企业薪酬管理一向以"计划制"进行开展实施，当时企业多为国家直属企业，即所谓的"大工厂、大集体"，在该阶段并没有真正意义上的企业薪酬管理概念，只是单一的"挣工分、挣工资"；改革开放以来，我国市场经济建设迅猛发展，"市场理念"逐步成为人们的主观思维，企业发展之路与薪酬管理也日益向"市场化"靠拢，即所谓"按劳分配"。1999年，九届全国人大第二次会议通过宪法修正案，根据我国经济体制改革的成果及市场规律，"实行各尽所能、按劳分配"的原则基础上，增加了一项"坚持按劳分配为前提主体、多种分配方式并存的分配制度"。我国企业薪酬管理主要以"按劳分配"进行计划管理。2002年，十六大更对其按劳分配原则进行细化完善，并在劳动、技术、资本等方面实行更为完善细化的薪酬机制。新时期下，十九大及习总书记重要讲话中都将"新时期企业战略发展及方向途径"进行明确规划，"战略管理"概念被成功融入企业生存发展与规模壮大中去。同时，企业以"与时俱进、紧跟时代"的发展理念，对战略管理对其影响的利弊性进行认真分析，并探寻出一种较为创新、公平、科学的薪酬管理模式及机制，进而为提升企业内部管理及发展壮大奠定坚实基础。

三、基于战略管理的企业薪酬管理优化对策

（一）确定绩效管理战略核心

企业绩效管理战略核心是以企业发展战略目标为主，将企业战略目标作为企业绩效管理的重要前提基础。而企业绩效管理与企业战略目标的吻合性在于对其"匹配性"的分析研究。匹配性主要分为纵向匹配与横向匹配。首先是在纵向匹配中主要以企业总体战略与竞争战略为主，对应性地采用薪酬战略策略。

（二）构建科学的薪酬体系

企业战略性薪酬体系的构建必须具有相对的科学性及合理性，必须以企业战略目标为主、以企业战略发展为基础，将薪酬体系以一种更为高效、公平、创新的方法模式呈现出来。其中，薪酬体系主要分为：企业岗位薪酬体系、企业技能薪酬体系、企业能力薪酬体系三种，在对具体薪酬体系构建设计中，必须以自身企业实际情况为基础前提，将岗位、能力、技能三方面进行综合考量。笔者认为以"人"为核心的薪酬体系主要包括：水平能力与专业技能，以"岗位"为核心的薪酬体系主要为"职位"。具体如下：

第一，岗位薪酬体系，在构建岗位薪酬体系时应该对岗位的基础性进行明确，并对岗位实质进行分析研究，对各种不同性及差异化的职位进行明确规划与判定。同时，结合实际情况制定企业内部统一性公平岗位结构，最后，采用科学、合理的评估方式对其进行评价，制订与设计出岗位薪酬方案。

第二，技能薪酬体系，技能薪酬体系构建主要以"人"为基础核心，首先对其技能进行研究分析，并建立相应的技能模块，其后根据技能模块的实质内容对其技能模块进行等级划分及评定，最后制定与设计出技能薪酬体系。

第三，能力薪酬体系，能力薪酬体系与技能薪酬体系相同，都以"人"为基础核心，通过对能力的研究分析，建立能力集合，其后要能力集合中的工资能力进行能力评估与等

级划分，进而制定与设计能力薪酬体系。

综上所述，构建科学的薪酬体系是企业薪酬管理变革的关键所在，在进行薪酬体系构建时企业必须将个人目标与企业战略目标进行紧密关联，同时必须保障其统一性及相对性。同时，结合外部市场发展变化与企业内部改革需求，将企业战略薪酬管理向市场化倾斜，以创新应对发展、以改革应对危机。将企业战略薪酬管理的实质性与作用性进行充分发挥。通过转变薪酬管理理念与优化管理模式，加大对优秀人才的吸引挽留，从而为企业生存发展与规模壮大奠定坚实基础。

通过对基于战略管理下浅析企业薪酬管理变革的分析研究，将我国企业薪酬管理的实质性与创新性进行重点阐述，并明确提出我国企业薪酬管理变化。同时，采用科学、合理的优化对策对企业薪酬管理模式的突破创新提供相关建议，使企业薪酬管理与企业战略发展相结合，进而为企业的发展壮大奠定坚实基础。

第四节 企业战略管理模式变革

随着物流行业竞争的不断激烈，以德邦物流为代表的物流企业盈利、营运能力也面临巨大的考验，企业的战略管理模式面临着重要变革。在企业的经营活动中，如果管理者忽略战略管理，则会浪费大量人力物力，降低物流企业的运营能力，极大加重公司的经营负担。鉴于物流行业有资金回笼周期的问题，所以很难降低成本管理风险，而且公司很难获取完全准确的数据及指标，很难顺利实施战略管理的工作，因而产生战略风险。这些都应该通过深入的战略管理变革进行优化解决。

随着当前国际之间的经济交流逐渐密切化，特别是交通条件迅速提升，在网络的促进之下，各种国际资本也不断扩大化，随之出现了物流企业之间的竞争越演越烈，在这种前提之下，企业到了新的目的地市场，必然要朝着新的战略管理方向去发展。战略管理的方式主要是让物流企业能够适应目的地市场的发展趋势，能够结合目的地市场的具体趋势，从而优化管理与经营模式，推出适应目的地市场的各类产品，通过这种方式来获得市场的占有率，这使得企业在市场上拥有更强的竞争力，这种核心竞争力也是物流企业在发展过程当中能够迅速扩张的一个重要基础。因此，分析物流企业的战略管理策略，特别是物流企业战略管理过程中的判断模式，以及其在决策过程中的一些思路，将有助于对物流企业经营模式的优化。

一、物流企业战略管理的主要模式

物流企业的战略管理过程主要包括了两种不同的形式：一种是其经营管理过程的战略管理，另一种是其推出的产品和服务的战略管理。从其经营管理的战略管理方式来看，主要是目的地市场中的人员去参与到企业的管理过程中，比如，连锁物流网点基于对本土熟悉程度的考虑，进而任用本地人员，对目的地市场进行布点，从而提高在目的地市场的占有率。之所以要在经营管理上面体现战略管理，一方面，主要是管理理念之间的差异，目的地市场与物流企业的原生国家之间存在着文化方面的差别，特别是消费者的消费习惯与消费理念的不同，所以这也必然要求在经营管理上面要随时配合体现出战略管理的特征，能够适应目的地市场消费者的需求。因此物流企业不可能耗费大量的人力资源成本或者是其他的资源，但是物流企业会对目的地市场的人员进行必要的指导，在统一企业理念的同时适应目的地市场的发展需求，提高其在目的地市场的融入程度。

另一方面，实行推出的产品或服务的战略管理，也就是目的地市场本身在消费结构以及消费理念上面会有所不同，消费者对于产品与服务的选择更倾向于其自身习惯的一些判断，因此物流企业在推出特定的产品或服务的时候，一定会考虑如何融入目的地市场，从而提升自身在目的地市场的影响力和占有率。比如，联邦快递作为一个非常知名的跨国企业，在运行自身企业，并且推出一些物流基础服务的时候，也会考虑目的地市场的一些消费需求，比如，中国对快递的配送覆盖面比较重视，那么联邦快递作为一个物流企业在推出新服务或产品的时候，也会考虑在中国市场推出这些相应的产品，这些产品在原生态的国家里面是不存在的，但是在中国作为一种产品推广，这也是其战略管理的一种表现，从战略形态上看，其主要体现在两个关键层面。

第一方面，物流企业战略管理能够提供更加具备亲和力的产品和服务，从而适应目的地市场的居民习惯，这些方式主要目的是物流企业为了占有更大的市场影响力，从而打开销售上的局面，物流企业在进行战略管理的战略过程中，其本身还是为了实现利润最大化，所以一定要开发出能够适合本地市场的一些服务，并且能够结合当地居民的一些需求，如果物流企业在运营的过程当中没有采取战略管理的核心和策略，那么其研究出来的产品的消费上就可能会遇到一定阻力，从而影响到物流企业的利润扩张。

第二方面，主要是对目的地市场的各种资源进行运用，作为一个物流企业在运用自身的管理战略的过程当中，一定要考虑到人力资源运营的成本，故而在进行开发的过程当中，尽可能运用本土市场所具备的有利资源，进一步在最短的时间内开发出能够适应目的地市场的产品和服务，对于企业而言有着非常大的帮助性，从而对企业的发展有着非常重要的推动作用。

二、德邦物流的战略管理风险外部成因分析

从外部因素的角度上看，受到国家金融货币政策的影响，物流行业的外部融资会受到国家金融货币政策的影响，而银行是筹资的主要来源，所以政府的调控与银行的监管不容低估。一方面，我国出台对物流行业进行宏观调控的政策，会直接影响物流企业向银行贷款。譬如，2008年受金融危机的影响，政府和金融机构加大了对物流行业的调控力度，

那时物流行业处于日益严峻的金融市场环境中。另一方面，现在正在施行差异化信用贷款，中国人民银行提高贷款利息，提高存款准备金率，这无疑会减少物流企业的利润，同时也使得德邦物流的盈利空间受到挤压。

从市场因素方面看，面对竞争逐渐激烈的物流行业，德邦物流如果不能灵活应对市场变化，就会直接导致商品滞销，德邦物流也就会出现战略管理风险。物流市场受到供求关系和物流消费观念影响，如果出现供大于求，就会导致物流产品服务普遍大跌，导致德邦物流资金不能及时回笼，资金利用率低，也会使德邦物流产生较大的各项费用。特别是当前的物流服务供应商是多样化的，这些更决定了当前物流服务的市场因素对于物流服务供应商自身带来了更多的战略管理压力。

此外，物流企业的服务同质化问题，也是当前德邦物流在战略管理方面所遇到的一个非常严峻的挑战。由于很多物流企业现在所提供的各种类型物流服务是相似的，这些服务的同质化问题，也致使了德邦物流不得不在一个更加严峻的市场竞争环境中提供各种物流服务。德邦物流作为大宗货物的物流供应商，实际在面对各种小型的物流服务供应商的挑战上，在市场反应速度以及对相关的服务产品进行调整的过程中，还是缺乏一定的灵活程度。

三、德邦物流的战略管理风险内部成因分析

第一，企业内部关系不协调。德邦物流企业管理的系统复杂，加之内部财务人员流动较大，一定程度上加大了战略管理风险，企业和上层部门间与企业各部门间，在资金流动、利润分配这些方面有权责和管理混乱的情况，导致资产大量流失，资金利用率下降，资金不完整、不安全等问题。德邦物流内部的不少部门是独立运作，财务部门、成本管理部门、项目运作部门很少协调沟通，因此资金管理不善，财务部门缺乏合理、科学判断项目支出的依据，可能致使德邦物流企业管理效率降低，战略管理风险显著提升。

第二，企业管理人员素质偏低。德邦物流有少数企业管理人员风险意识不够，缺乏科学的财务决策，有些财务人员就只做登记账簿，并未体现出财务人员应有的企业管理能力。此外，部分财务人员对于物流行业的相关专业知识掌握不够，企业管理的意识不够，物流行业的财务实操能力不强，不能起到监管作用，同时不能为企业管理者提供应有的在财务决策方面的系统和缜密的分析和研究，这会使决策者不能正确进行决策。而有些企业经审计还发现，销售收入及利润虚假，企业会计报表严重失真；私设小金库，扩大隐性灰色收入或从事腐败活动等。从表面看，财务信息失真和造假是财务部门及有关会计人员的问题，但实质上是企业经营者的道德风险，不重视对成本的控制。

第三，行业风险。行业竞争很激烈，预计今年物流行业市场的需求将保持平稳，不少物流服务供应类型的企业都迅速发展，行业竞争会更加激烈。当进入多物流企业的竞争阶段后，行业风险会导致销售状况欠佳，资金如不能及时回笼，就会致使德邦物流偿债能力

变差，资不抵债，进而会处于财务困境，企业的资信也会受到严重影响。此外，由于物流行业往往有一个严峻的款项回流周期问题，特别是德邦物流作为大宗货物的主要物流服务供应商，更是会遇到款项的周期性滞留等问题，德邦物流的这种周期性资金活动性挑战，同时也要求德邦物流必须在一系列的调整里面将资金流动性作为大宗物流服务和管理中的重点，这也是德邦物流不同于一般物流服务企业的战略管理难点。

四、物流企业战略管理模式变革的对策分析

（一）合理安排筹资

物流企业主要靠银行贷款来筹资，因为筹资渠道单一且难度大，就要求企业能增加筹资方式。就德邦而言，采用多元化的筹资渠道，能降低偿债风险，还能合理安排筹资模式组合，并将偿还的时间分散开来，不集中于同一时间段，且根据负债水平与企业的规模，合理安排筹资规模，既不会由于筹资过大造成资金闲置，而承担高额资金成本和到期不能偿债的风险，也不会因筹资过小失去潜在收益，蒙受巨大的经济损失。还可以优化企业资本结构，降低筹资风险，更合理地进行企业管理。德邦在筹资之后，需要监督资金的使用方向，确保专款专用，杜绝将专用项目资金挪用到其他项目或者其他经营活动。当然，物流企业应了解本企业防范风险的能力，然后把资金构成比例优化到最好，从而来规避战略管理风险。

（二）更新观念、加强战略管理风险的防范

企业资金运动中包含战略管理风险，因此企业防范战略管理风险需要全体员工积极配合。就德邦而言，能做到加强企业管理人员的风险意识，所以经常在总部上海针对不同的战略管理风险研究提出应对策略并集中财务人员开展相关培训，教授有关战略管理风险的理论知识，并介绍其表现形式，让他们能及时识别隐含的战略管理风险。另一方面，德邦加强提高风控水平，杜绝经验决策，进行有效的决策，从而防范风险。特别是德邦物流要意识到自身在大宗货物的配送以及长期性物流服务产品供应过程中，可能遇到的资金链条、活动资金以及偿债能力等问题，对这些问题进行战略性把控，真正提升德邦物流的战略竞争力。

（三）控制好投资风险

物流企业开发项目需投资大量资金且周期长，因此必须控制投资风险。以德邦而言，在投资项目之前，会做全面的市场调研，预测和分析项目中也许会发生的战略管理风险，深入分析投资项目的可行性。根据市场上的供需状况及未来发展趋势，对项目的类型、规模大小、用途进行确定，预测出开发成本，未来消费需求量及供给量、销售价格等。从上述的分析可以看出，德邦物流在新的目的地市场开拓新的物流服务网点的时候，一定要考虑到这些网点开拓后能否为德邦物流带来的效益，特别是当前大宗物流服务产品也出现供

应同质化等问题的背景之下，德邦物流的新网点投资和经营更需要运用审慎的判断能力，避免这些网点盲目开拓，经济效益价值体现相对较低，如果仅仅是为了布设网点而广泛设置网点，那么对于德邦物流的发展肯定是百害而无一利的。这就对于德邦物流的网点开拓管理团队的战略管理能力提出了要求。

（四）针对市场、行业风险做好经营计划

物流企业有复杂的经营活动，且成本费用高，因此做好经营计划有利于提高企业抵抗战略管理风险的能力。德邦针对市场风险和行业风险制定了合理有效的销售策略。企业的资金能否回收起决定性作用的就是销售收入。物流行业商品价值昂贵，具有较强的可替代性，加上近年来物流行业供给市场竞争激烈，因此企业必须要制定合理有效的销售策略。德邦在开发项目时，综合分析当地的有利资源，尽量不和行业发生同质化竞争，在经营开始前就规避战略管理风险。此外，德邦不断增加营销手段，利用网络平台提高营销效率来加速资金回收，规避战略管理风险。扩大市场份额和占有率。企业仍需提高企业竞争力，不断提高产品性价比，继续研发创新，从而适度扩大规模，提高市场份额。

（五）加强资金控制，防范信用风险

针对物流企业，加强资金管理控制极为重要，而德邦通过银行给客户发放的抵押贷款提供阶段性连带责任担保，有一定的信用风险。可以从下面两方面作为切入点：一方面，建立一整套有明确界限的顾客资信标准，针对不一样的顾客实行不一样的抵押贷款的额度；另一方面，建立回款责任机制，把所有因为营销出现的欠款根据营销人员划分，保证每笔欠款都有人会负责。物流企业资金运转投入巨额资金，要加快资金流转，回收资金，避免出现坏账，最高效而合理地运用资金。

综合上述分析可以看出，物流企业采取战略管理策略是一种比较积极的趋向，只是在市场营销的角度上体现出物流企业对于目的地市场的判断以及其战略上面的思考，因此对于物流企业的战略管理策略进行研究对剖析物流企业的运营策略以及运营模式而言都有重要价值。因此，诸如德邦物流这类大规模的物流企业，在推进自身的管理科学化过程中，更应该把握自身的发展特点和实质，有针对性地推进德邦物流内在管理的科学化，只有通过战略管理的自身变革，才能够适应当前时代的发展要求，进而最终为德邦物流等物流企业的可持续发展奠定良好基础。

第五节 低碳经济与中小企业战略管理

在世界各国应对全球性气候变化的认识和行动逐步达成共识的情况下，低碳经济的概念应运而生。在低碳经济模式下，中小企业会面对宏观经济政策的变化和市场经济规则变化的双重挑战。在传统经济模式下，中小企业存在战略思想重视不够，错把计划当

战略，战略定位不当，战略目标上缺乏重点，战略选择上缺乏全员参与，战略资源缺乏等不足，从战略变革的角度，提出在新形势下制定适合自己的发展战略、产业链升级，提高附加值、低碳化创新，从而加强企业核心竞争力等建议，力争为中小企业的战略变革提供选择的路径。

一、低碳经济的由来与内涵

在世界各国应对全球性气候变化的认识和行动逐步达成共识的情况下，低碳经济的概念应运而生。瑞典化学家诺贝尔奖获得者阿累尼乌斯早在 1896 年就提出"化石燃料燃烧将会增加大气中二氧化碳的浓度，从而导致全球变暖"的假说。低碳经济的发展理念最早起源于英国。2003 年 2 月 24 日，英国颁布了能源白皮书《我们能源的未来——创建低碳经济》，成为世界上最早提出"低碳经济 (Low-Carbon Economy，LCE)"的国家。作为第一次工业革命的先驱和资源并不丰富的岛国，英国充分意识到了能源安全和气候变化的威胁，它正从自给自足的能源供应走向主要依靠进口的时代，按目前的消费模式，预计 2020 年英国 80% 的能源都必须进口。因此，英国政府为低碳经济发展设立了一个清晰的目标：2010 年二氧化碳排放量在 1990 年水平上减少 20%，到 2050 年减少 60%，到 2050 年建立低碳经济社会。

低碳经济作为一种新经济模式，包含三方面的内涵：

低碳经济是相对于高碳经济而言的，是相对于基于无约束的碳密集能源生产方式和能源消费方式的高碳经济而言的。因此，发展低碳经济的关键在于降低单位能源消费量的碳排放量 (即碳强度)，通过碳捕捉、碳封存、碳蓄积降低能源消费的碳强度，控制 CO_2 排放量的增长速度。

低碳经济是相对于新能源而言的，是相对于基于化石能源的经济发展模式而言的。因此，发展低碳经济的关键在于促进经济增长与由能源消费引发的碳排放"脱钩"，实现经济与碳排放错位增长 (碳排放低增长、零增长乃至负增长)，通过能源替代、发展低碳能源和无碳能源控制经济体的碳排放弹性，并最终实现经济增长的碳脱钩。

低碳经济是相对于人为碳通量而言的，是一种为解决人为碳通量增加引发的地球生态圈碳失衡而实施的人类自救行为。因此，发展低碳经济的关键在于改变人们的高碳消费倾向和碳偏好，减少化石能源的消费量，减缓碳足迹，从而实现低碳生存。

总而言之，低碳经济是一种由高碳能源向低碳能源过渡的经济发展模式，是一种旨在修复地球生态圈碳失衡的人类行为。

计划是对于未来活动的具体安排，是对战略的具体实现，而战略定位则表现为一种观念，它确定公司的现有方位，探索公司未来的发展方向，促使企业自由地思考。战略管理在本质、功能上完全不同于长期计划，它不是按时间划定期限，而是按解决问题、对象所需来划定时限。它不是生产、销售、财务、技术等工作简单相加的结果，而是根据环境变化指导整个企业及各部门工作的依据。同时它不仅追求企业经营利润合理化、最大化，而且追求企业竞争安全性。它主要不是技术性的产物，而是思想性产物、创新性产物。

成功的企业在企业成立之初就有清晰定位，而不成功的中小企业在创业以及经营了相当长一段时间后，仍无法明确自己的定位，出现跟风现象，在市场竞争中处于被动地位。具体表现在企业在经营中是什么赚钱就干什么，别人经营什么我也跟着经营什么，从而导致企业在产品和业务结构方面趋同。二是不论实力如何，盲目进行多元化经营，在主业务领域里还没有做精、做强，再把有限的资源分配给其他业务领域，因此难免会出现四面出击而首尾难顾的状况。

中小企业中的家族化管理的特点明显，企业主依靠自己的知识和经验来考虑企业的未来发展，依靠的是感觉和直觉，缺乏必要的计划职能部门对于企业未来的良性发展提供可行性分析。企业主的战略意图更直接地反映企业的战略行为。中小企业业主认为只有高层才有战略眼光，雇员和基层管理者目光短浅，年轻人缺乏经验，后来者不了解企业情况，因而都没有发言权。这种高层优越感，致使企业员工无法理解企业的战略目标，不能投身于更有创造力的工作。

战略执行力是战略实施的根本，中小企业忽略了战略执行工作开展，执行过程缺乏实时、持续的监督和跟踪，没有将结果和绩效考核挂钩。由于受到短期利益的驱动、小富即安等思想的困扰，进一步使战略得不到坚持。

战略资源是指企业用于战略行动及其计划推行的人力、财力、物力等资财的总和。企业这些战略资源是战略转化行为的前提条件和物资保证。具体来讲，战略资源包括：采购与供应实力、生产能力与产品实力、市场营销与促销实力、财务实力、人力资源的实力、技术开发的实力、管理经营的实力、时间、资讯等无形资源的把握能力。中小企业在战略资源缺乏的同时忽视时间和资讯，在某种条件下，可能会成为影响企业战略实施的关键性战略资源。

二、低碳经济模式下中小企业战略管理面临的挑战

（一）低碳经济条件下宏观政策环境的变化

工业化、城市化、现代化加快推进的中国，正处在能源需求快速增长阶段，大规模基础设施建设带来能源消费的持续增长。"高碳"特征突出的"发展排放"，成为中国可持续发展的一大制约。"富煤、少气、缺油"的资源条件，决定了中国能源结构以煤为主，低碳能源资源的选择有限。1993—2005 年，中国工业能源消费年均增长 5.8%，工业能源消费占能源消费总量约 70%。采掘、钢铁、建材水泥、电力等高耗能工业行业，2005 年能源消费量占了工业能源消费的 64.4%。作为发展中国家，中国经济由"高碳"向"低碳"转变的最大制约，是整体科技水平落后，技术研发能力有限。以 2006 年的 GDP 计算，中国由高碳经济向低碳经济转变，年需资金 250 亿美元。这样一个巨额投入，显然是尚不富

裕的中国的沉重负担。我国实施改革开放战略以来，一直注重宏观经济管理，实施各种财政、货币政策以及环境、土地政策等诸多政策组合的宏观调控，以应对国民经济过热，保持健康持续的发展势头。面临低碳经济的挑战，宏观经济的调整也就势在必行，会对企业给予积极的关注，加以严格考核，对于符合环保和社会责任的项目实施差别化政策的优待，以激励企业专心致力于可持续发展战略的实施和经营。在哥本哈根会议召开前夕，中国政府对全世界主动表态，到 2020 年中国单位 GDP 碳排放比 2005 年下降 40% ~ 50%。同时，到 2020 年非化石能源占一次能源消费的比重达到 15% 左右。为践行这一承诺，政府在制定环保政策方面将会更加严格，这一影响是长期而持续性的，从而必然会给中小企业带来更大生存压力。

（二）低碳经济条件下市场规则的变化

发达国家正试图通过碳关税和碳足迹、食物运送里程、二氧化碳可视化制度等有关低碳经济的技术规则和标准来引导贸易规则的演化。特别是一些发达国家试图通过这种方式变相设置绿色贸易壁垒，碳关税及有关贸易规则和标准在一定程度上使某些发达国家削弱发展中国家制造业出口竞争力。

三、低碳经济模式下中小企业战略管理变革的路径选择

碳金融正在推动低碳经济时代加速到来。企业在调动资源、组织生产和提供服务的过程中，是能源等自然资源的消耗者和温室气体等污染物质的排放者，中小企业今后都势必面临更加严格的环保标准和排放要求，因此，企业要提升碳价值链条每个环节的内在价值，力争成为未来低碳经济的领跑者。

（一）积极主动在新形势下制定适合自己的发展战略

中小企业在低碳经济下制定战略的关键在于改变企业发展方式，降低对煤炭、石油、天然气等化石能源的依赖，促进摆脱碳依赖，摆脱高碳能源依赖，使企业发展转入既满足减排要求，又不妨碍企业发展的低碳轨道，使企业发展由"高碳"向"低碳"转轨。首先，在企业管理上，降低人为碳通量。其次，开展碳预算。为提高减排的可控性，以降低人为碳通量为抓手开展碳减排需要特殊手段，即碳预算。这涉及三方面的工作：一是碳预算，预算企业许可的人为 CO_2 排放总量和时序碳通量。二是预算分配。根据企业的综合实力、发展阶段、发展水平、产品结构的差异，开展预算分配工作。三是预算平衡。这需要综合考虑企业发展进程中由"赤字排放"形成的碳债务、不同部门的碳足迹差异，从而保障碳预算的平衡。

（二）产业链升级，提高附加值

从产业链角度来看，中小产业链升级主要有两种方法：整合生产研发和整合供应链。整合生产研发是针对各部门在开发新产品时产生的不协调，把产品开发的程序与市场需要、

企业策略以及材料供应相结合。整合生产研发的研发既包括基础技术理论研发，又包括领先科技研发，还包括新产品研发或现有产品改进研发。整合生产研发能够通过分布于产业链每一环节的研发和生产决策，提升整个生产系统的效率。整合供应链是指在现有技术水平和产品结构上，控制、影响并拉紧整个供应系统，优化资源在每一个环节的配置，从而获得更高价值，而不是孤立、分散地对待各个环节。整合供应链一般是从整个供应链中选取最重要的步骤着重管理，提高企业的工作效率。整合供应链是建立一个具有快速反应能力和以客户需求为基础的制造业供应链系统，提高整个供应链而非单个环节的效率，降低整个供应链系统的成本、库存和物资储备，为客户提供更好的服务。在整合生产研发和整合供应链积极发展碳技术，发展低碳能源，在优化低碳能源的技术性和经济性的前提下用低碳能源去置换、替代传统的高碳化石能源。二是发展碳吸收技术，通过碳捕捉和碳封存增加碳蓄积、减少地球生态圈的碳循环通量，促进碳平衡。

（三）低碳化创新，加强企业核心竞争力

中小企业在战略的实施上要实行低碳化创新，把低碳经济作为企业转型发展的动力引擎。企业必须努力优化现有产品的碳效率，包括基础设施、供应链和成品。企业要设计能够满足大幅度减排要求的新型低碳解决方案，这可能需要打破现有的产业价值链束缚，对产品结构进行新的调整和布局。认清自身行业的基本特性，推动将其纳入循环经济范畴。由于"低碳生活、绿色消费"的理念深入人心，在企业宣传上倡导绿色消费，不仅是支持低碳经济的举措，同时也是对消费者低碳诉求的最好回应，也能赢得更大市场，从而形成独有的核心竞争力。

第六节 "互联网＋"的企业战略变革管理

随着全球经济一体化格局形成，各行各业竞争压力剧增，在战略决策上稍有不慎将会遭受市场反噬，从而给企业带来不可挽回的重大经济损失。当前，经营理念和发展模式的竞争已成为企业间的主要竞争，换言之就是战略管理之间的较量。如何在日益激烈的市场竞争中脱颖而出，是企业亟待解决的重要问题。如今，作为一种全新的经济形态，互联网已发展成为独立的产业，是社会经济新的助推力，在不断向传统领域渗透的进程中，逐步向"互联网＋"发展。"互联网＋"的出现对传统企业管理模式造成强烈冲击，同时也是对经典企业战略管理理论的颠覆。总而言之，在"互联网＋"背景下，企业战略管理发生重大改变，其实施是否能跟随发展步伐，对于企业核心竞争力的提升有着至关重要的影响。

一、相关概念解析

（一）互联网 +

作为一种全新的产业模式和经济形态，"互联网 +"是新一轮技术革命和创新 2.0 在相互作用下所形成的新的社会发展形态的总体概况。李克强总理于 2015 年 3 月首次在政府工作报告中提及"互联网 +"行动计划。当前"互联网 +"具有如下特点：一是跨界融合。"互联网 +"中"+"就是指将互联网和其他行业、领域结合起来，是一次全新的变革。二是具有创新力。行业在发展过程中运用互联网思维，发挥创新意识来求变。三是重塑结构。随着互联网的普及，改变了传统的社会结构和经济形态。而"互联网 +"的产生，有效降低了企业成本，提升了企业生产效率，同时扩大了企业产品销路，是对传统商业模式的一次重构。

（二）企业战略管理

企业战略是指企业为更好地寻求发展、占领更多市场份额，在充分研究内外部环境的基础上，立足今后发展，运用正确的发展理念和思维，指导企业制定正确的经营目标和战略方针，并为后续稳步实施进行系统、全面的谋划，具有较强的前瞻性和科学性、规划性。企业战略管理就是企业高层在科学分析市场环境、敌我双方情况后，对市场今后的发展趋势进行深入研究，从而制订长期计划，并对具体实施条件进行精心准备，同时借助评价、调控的手段来确保战略有序开展的动态管理过程。

二、"互联网 +"对企业战略管理的影响

（一）企业战略制定模式发生改变

以往企业在制定战略时通常采用的是自上而下的模式，这样的模式更多所表现出的是上级领导层的意愿，从而使得企业上下对战略存在较大的认知差异。而随着"互联网 +"时代的来临，使得企业内外部环境发生较大改变，战略管理不仅需要从上至下形成，同时也需要从下自上推进。这主要是因为当前环境不断变化，要想更好地洞察行业未来的发展趋势，及时正确对企业的发展做出预判，就必须采集到最新的数据信息，而企业更接近市场的基层员工，所接触的数据更全面。因此，企业在战略制定过程中必须多方吸纳意见，多层次、多渠道获取信息，并不能仅仅是单一通过自上而下的方式形成战略，要与自下而上的实践经验结合起来。

（二）企业战略规划更凸显开放性

很多企业多是通过组建专家组的方式来推进战略规划的开展，专家组成员多是由企业内部管理团队或是外部战略咨询公司专家组建而成。在形成战略时，通常是由企业高层小范围对战略规划和业务占比进行探讨。而在"互联网 +"时代下，企业要想更好地寻求发展，

就必须及时充分获取各类信息，采取更为开放的战略规划方式，通过智库机制推动参与企业战略研讨的成员组成更为多元化。

（三）企业战略呈现动态变化

一直以来，企业战略都被定义为顶层设计，以国有企业为例，其战略规划周期一般为中长期规划，如 5 年、10 年，甚至还会对今后 20 年进行长期规划。而这种战略周期较长的特点，也使得企业在执行过程中出现"一张蓝图绘到底"的状态，在实施战略时须严格按照既定的战略规划执行，战略管理目标缺乏动态性。而在"互联网 +"时代下，客户需求、市场环境等随时都在发生改变，因此企业要根据市场变动、行业发展等对战略目标进行实时调整。越来越多的企业认可并执行"战略是临时的，需要随时进行调整"的观念，尤其是在战略实施过程中，着重对内外部环境进行实时追踪，并根据追踪结果调整企业战略，使得企业战略呈现出动态化特点。

（四）使命和价值观成为企业战略核心

以往，企业战略的核心是通过制定明确的战略定位和竞争策略，来提高企业竞争实力。因此，企业在竞争格局预判的战略研究中，更注重对自身资源能力的结合，在立足竞争格局的大环境下，开展差异化的战略定位。而随着"互联网 +"时代的来临，消费者特征、需求以及消费群体结构均发生较大变化，企业之间的竞争也更加复杂，战略管理逐步向长远发展目标和价值链体系倾斜，而这也意味着企业在业务决策上更加灵活，选择性更多，同时业务布局围绕企业发展使命和价值实现开展。

（五）企业战略决策关注点从财务回报向顾客价值转变

以往企业战略决策更关注于财务回报率，如企业的发展规模、所占领的市场份额、未来市场占有率等，并在战略规划方案中，通过财务报表体现出投资回报率、利润、营收等目标。而在"互联网 +"时代下，企业如果只关心财务回报，看中各类报表数值显然是无法适应时代变革的，单纯从财务角度来判断企业的经营状况以及战略实施情况，很难能够实现盈利，必须关注用户体验，将客户价值作为企业战略的关注点。

（六）战略研究主体变为员工和客户

以往竞争对手、客户是企业战略研究的主要对象，通过对竞争对手的研究，分析彼此之间的优劣势，从而制定具有差异化的战略；而对客户的研究则主要是通过分析客户需求，生产和研发满足客户喜好的产品，同时提供具有针对性的服务。在互联网普及之前，客户和对手一直都是多数企业战略研究的重点所在。然而，在新形势下，员工在企业战略中的地位越发重要，因此除了研究客户外，还应当多关注员工，这是因为创新已成为企业核心竞争的重要因素。以前，企业凭借着先进的设备、优秀的营销能力就可以提高自身的竞争优势，但随着产品同质化现象越来越严重，只有走创新道路才能在激烈的市场竞争中赢得发展，而创新又与员工具有十分密切的联系。

三、"互联网+"背景下企业战略管理的路径探索

（一）树立全新的战略管理理念

企业核心竞争力的打造其实质就是加强企业战略管理的过程。首先，需要从战略层面，对经营管理者活动进行重新设计，大力推进学习型组织建设，加强管理者战略管理意识的转变，让他们意识到"互联网+"时代企业环境和市场发展所面临的变化。其次，通过企业内部培训、外部培训等途径，强化员工对企业战略管理的理解和认可，通过培训激发和挖掘员工的潜能，从而帮助员工实现自我价值，提高专业技能。与此同时，企业自身也要紧跟时代步伐，在企业上下形成不断学习的氛围，进而推动员工个人目标与企业战略保持在统一高度。

（二）重视人才引进和培养

随着"互联网+"时代的来临，各行各业所面临的竞争更为激烈，人才作为企业之间竞争的重要因素，其重要性日渐提升。企业要想在新形势下，快速与市场环境相对接，跟上时代步伐，就要加强对高层次复合型人才队伍的建设，以战略管理为核心，重视人才引进和培养。具体而言，在选拔创新型人才时，应更注重专业素养、创新意识以及专业能力，尽可能将人才价值转化为有助于企业发展的可用价值。其次，加强对创新人才的培养。充分利用互联网技术，开展"互联网+培训"的人才培养模式，通过新媒体渠道，如微信群、公众号等，向员工推送相关知识，增强培训的灵活性，使得员工参与培训的方式更加多样。而在培养平台上，要不断进行创新，通过搭建员工与互联网之间的桥梁，开展交互式培训活动，实现人力资源与员工管理无缝对接。而借助互联网培训，能够更深入了解员工的需求，充分掌握员工的期望值，通过强化员工培训，促进人力资源管理体系建设，以此来提高员工的归属感和凝聚力。与此同时，企业也可以借助自媒体构建公众平台，向社会公众和员工发布企业的发展动态。在培训模式上，人力资源部可以依托"互联网+"模式，创建在线培训视频，实现碎片化时间的高效利用，通过线上视频学习和线下培训，完善员工培训机制。此外，在积极践行"走出去"策略的同时，加大"引进来"力度，通过具有竞争性的薪资体系和完善的福利机制，从而吸引更多人才加入。

（三）推进线上线下运营模式融合

在"互联网+"时代下，网络成为企业运营的重要载体，越来越多的企业开始探索线上线下相结合的运营模式，而在电商领域又被称之为O2O。该模式主要是通过线上推广产品，让更多消费者了解和知道产品，从而进行咨询和购买；而线下则主要负责向客户提供体验平台，争取将客户的初步需求转变为实际消费行为。通过线上联合线下的方式，两者各司其职，共同为消费者提供优质、全面的消费服务。一方面，企业以互联网为平台，通过提供线上服务来构建完善的供应链网络体系，充分发挥出互联网传播快、覆盖面广的优势，从而实现线上体系中产品信息到库存信息、商品价格到物流运输、消费者需求到售后

反馈等数据的共享。另一方面，利用互联网技术，在线上对客户和产品的信息进行收集分析，并将数据结果及时传递给线下供应链环节，从而来指导线下服务的开展。比如，根据产品的市场反馈、实体库存数等信息，生产商就可以明确产品的具体产量，并根据消费者的实际需求，对产品供应进行及时调整。而销售商则可以根据产品的实际库存以及消费者的喜好，对产品种类、数量等进行调整。而消费者通过线上、线下渠道均可以获得所需的产品信息。这样的方式，进而使得企业的营销渠道更广，能有效增强客户黏性。

（四）加强体验营销

随着互联网的全面普及，对消费者的行为和观念产生了重大冲击，企业必须不断创新，积极应用现代科技，通过体验营销模式，来促进消费者经营能力的全面提升。一方面，企业应加强对互联网的应用。当前，企业互联网应用已逐渐普及，并趋于成熟化，不仅开展了线上渠道建设，还积极对门户网站进行改造、开设微信公众号、开通线上支付。其中，微信逐步成为企业开展网络营销的重要工具，借助微信公众号企业可以与消费者、客户进行互动交流，还可以提供产品查询、网上支付、会员管理等服务。同时，消费者和客户通过微信公众号还能直接进入企业的网络商城。此外，企业还应加强线下实体的互联网改造，通过在实体布设 WIFI、开发数字化会员卡等方式，围绕客户切身利益和需求，探索全新的精准化营销模式。比如，数字化会员卡，集消费、储值、便捷支付等于一体，是一种全新的互联网金融类会员卡。不仅如此，企业还可以在线下投放移动销售助手，引进 PAD 工作台，减少线下员工工作量，提高客户的体验。另一方面，通过跨渠道营销增强客户的体验。对于企业而言，线下渠道是接触客户最多的场所，客户的体验好坏在很大程度上决定着企业的产品销量，因此企业必须要对线下实体进行创新升级，根据当地市场行情，找准自身发展定位，大力开展场景营销、跨界营销为主的体验式营销，创设舒适温馨的环境，组织开展具有行业特色的产品推广活动。而跨界营销则主要是指企业与其他行业进行合作，通过发放优惠券、购物券的方式，与其他行业共同开展营销活动。

（五）建设良好的企业文化

当前，企业文化在"互联网＋"时代下实现了传播多向互动，对此企业在充分利用好传统文化建设渠道的同时，应发挥互联网共享性、互动性的优势，借助新媒体平台，建设符合时代发展的企业文化。具体可以从以下几方面入手：一是加快新媒体平台建设。企业可以借助互联网资源优势，利用互联网传播快、覆盖面广、时效性强的特点，扩大企业传播路径，向广大公众传递企业的经营理念、企业服务文化、产品质量文化等信息。借助新媒体平台建设，扩大企业在市场中的知名度和影响力，从而树立良好的企业形象，赢得大众的认可。为更好地推动企业宣传工作的开展，还应当制定健全的运维机制，对推送的内容进行严格审核，确保内容能够正确引导舆情，向大众推送高质量的信息。同时加强网络安全管理，确保新媒体平台顺利运行。二是通过互联网加强企业价值观管理。企业文化建设是企业战略管理的重要组成部分，而企业价值观则是企业文化的核心内容，通过企业价值观管理，能够将原本抽象的理念转化为具体的思想与行为规范，让员工明白在工作中做什么、怎么做以及做的程度，并积极主动参与其中。比如，可以通过新媒体、自媒体、门户网站等渠道，开辟专门的文化专栏，并在专栏中融入渗透出企业价值观，让员工、客户在潜移默化中接受企业价值观念的传递。三是积极开展好群众文化活动，落实好 EAP 服务，不断丰富企业文化内涵。所谓 EAP 即员工支持计划，就是解决好员工生活、工作中所遇到的难题，加强员工心理健康教育，通过支持计划提高员工的专业技能以及心理资本，从而使得员工能全身心投入工作之中，以此来提升员工工作效率，进而促进企业绩效提升。在 EAP 服务实施过程中，必须要秉承"以人为本"原则，对员工所遇到的问题要及时解决，引导员工以积极乐观的心态面对工作和生活。此外，企业还应加强群体性文化活动，一方面要继续落实运动会、歌唱比赛、岗位大练兵等常规文化活动的开展，另一方面也要利用好互联网资源，向社会传递员工勇往直前、敢于拼搏、爱岗敬业的精神品质，以正能量传播为企业提供不竭的助推力。四是打造具有优势的企业文化，帮助企业提高竞争优势。在互联网时代下，企业应高度重视外部文化对企业内部文化的冲击，着力打造具有企业特色的优势企业文化。在立足总体发展战略的基础上，全面梳理现有的文化理念、规章制度，提炼其核心要素，对原有的企业文化进行重塑，以此来激发员工斗志，从而增强员工凝聚力。

总而言之，随着"互联网 +"时代的来临，对各行各业造成了强烈冲击，改变了企业的管理模式，企业在面临激烈市场竞争的同时，也获得了巨大的机遇和空间。因此，企业必须要对管理模式进行改革，积极探索新的发展方向，正确了解和看待"互联网 +"对自身战略管理的影响，探索出一条符合时代变革，满足企业发展需求的战略管理之路，充分将战略管理价值最大化发挥出来，进而以此来推动企业健康可持续发展。

第七节　"文化因子"与企业战略管理

企业文化的战略价值正在逐步引起人们的特别关注，尤其受到了管理学研究领域和工商企业界等组织有识之士的格外重视。企业战略管理中"文化因子"的影响深远，不容小觑。本节从研究企业文化现象及其具有的独特功能入手，阐明企业文化与企业战略管理的内在关系，同时强调优秀的"文化因子"是企业生存与发展的基础与动力。先进文化因子，激发管理者高度文化自觉，坚定文化自信，担纲文化管理。

一、企业"文化因子"及其功用

文化是国家实力的根，是企业发展的魂。研究表明，企业战略管理中"文化因子"的作用及影响深刻而持久。

现代企业管理不乏"文治和教化"。文化植根于全员内心的修养，是以约束为前提的自由及为利益攸关方着想的善良，是将有意识的理性行为转化为人们无意识的自觉行动。

"文化因子"(cultural factor) 是文化体系中的重要因素，通常伴以特定的表现形式，如企业或公司文化等。

　　企业文化是企业全员所共建共享的价值观念、目标愿景和行为规范之总和。它通过企业创新机制和外在形象树立体现出来，其中最重要、核心的因子有两大系统：一是企业自身的生长力；二是企业外部的形象力。创新机制诠释企业成长力，成长力主要包括三方面的内涵：即企业内聚力、才能激发机制、企业永续经营机能；形象力推进企业市场竞争力，形象力有三个必不可少的构成要素：即企业信誉、企业美誉度、市场亲和力。

　　做企业的最高境界就是做出文化。通过建设企业文化，打造、传承企业商道，用"文化因子"管理现代企业，让企业文化真正成为其先进战略及经营管理手段；用企业文化强化、传承企业价值观和经营管理理念；同时营造良好的环境和氛围，来影响、培育人；进而不断增强企业凝聚力。

二、企业战略管理中的"文化因子"

　　目前，企业战略问题已成为决定其竞争成败的关键与核心。企业战略是企业在市场经济激烈竞争的环境下，在总结历史经验，调查现状，预测未来的基础上，为谋求生存和发展而做出的长远性、全局性的谋划或方案。其要素有：产品与市场领域、成长方向、竞争优势、协调效应。而战略管理则是对企业战略的一种动态"管理"，具体而言就是对"谋划或方案"的制定、实施与控制。它是企业在市场竞争中求生存和谋发展的重要条件。其管理的重点是：因应或预应战略突变及迅速出现的机会与威胁，制定和实施战略并重。其管理过程包括：战略分析、战略制定与战略实施三个环节。

　　企业文化影响战略决策。价值观是企业文化的核心，它先于战略而且是战略的根本所在。因为企业价值观取向关系着企业战略的质量，企业价值观的认同与否关系企业的发展与提升。只有紧紧围绕价值观制定战略，才能保障战略的认可和顺利执行。华为的成功既是科学战略决策机制的成功，又是健康向上的军事文化因子带来的成功。张瑞敏也确认"海尔的成功源于无形的东西"，用文化力构建的海尔战略创造了企业奇迹。没有强大的企业文化，同时没有卓越的企业价值观、企业精神、企业哲学，再高明的企业经营战略也无法成功。世界 500 强胜出其他公司的根本原因，就在于这些公司善于给自身的企业文化注入活力，没有文化因子，这些一流公司岂能保持百年不衰。

　　企业战略管理中，战略分析不能没有文化分析，战略目标制定首先必须明确企业的愿景和使命，战略方案的选择和实施必须保证文化认同，战略控制与调整首推文化控制、理念管理。

　　企业战略与其主文化关系密切。优秀企业文化能突出企业特色，从而形成企业成员共同价值观，同时"文化因子"具有的鲜明个性，有利于企业制定出与众不同、克敌制胜的战略。有个性的企业才能有自己真正的核心竞争力；有个性的文化才是真正属于企业自己的主文化。战略制定后，企业可利用主文化的导向、约束、凝聚、激励等功能，统一员工思想观念和行为，使全员共同为积极有效贯彻实施企业战略而努力奋斗。新制定战略应与其文化相得益彰、协调一致，至少也应潜在一致，以保持原有文化支持实施新战略。当然二者并非总是相适应的。当新战略与原有文化不很协调时，企业就应在不影响主文化的前提下，要么调整战略，要么对某些特殊领域实行不同文化管理，以期二者经磨合自适应、相匹配。当新战略与原有主文化很不一致时，企业就必须考虑要么重新制定与企业文化基本一致的具有可操作性的战略，要么吸纳新的"文化因子"重建，抑或做战略适应性调整，以避免造成战略失效。当企业制定了新战略并要求企业文化与之相配合时，由于主文化的刚性和连续性，通常很难对新战略做出相应变革，这时，原有的文化就可能成为实施新战略的障碍。因此，刘元庆教授坦言：企业内部新旧文化的更替和协调是战略实施获得成功的重要保证。

三、企业战略家与企业文化构建

企业战略家是具有战略管理思想，善于战略思维，具有战略能力，掌握战略实施艺术，从事研究和制定战略决策，从而指导企业开拓未来的企业高层决策群体。现代企业和经济社会的发展，客观上要求企业家成为企业战略家。丁远崎先生强调：优秀企业家必须做好的三件事之一就是"打造能与企业商业模式、企业制度相适应的企业文化"。

企业战略家既是该团队领导核心，又是企业形象和企业文化的缔造者。

如何打造有特色、有价值的优秀的企业文化呢？

第一，要考量企业战略家的能力和素质。关键要有创新、求实的精神特质和战略眼光，有过人的胆略，有组织、感召能力。要把文化因子注入企业，使之具备特有的企业精神和主文化，进而使企业管理能够更上新台阶，用文化来连接企业员工，凝聚企业精神，从而使企业真正成为一个可持续发展的企业。

第二，要充分运用企业战略家精神特质和才能，明确企业愿景和使命，在 SWOT 分析基础上，设定企业合适的战略目标——规划沟通企业成功路线。此所谓愿景文化、使命文化和目标文化建设。诚如德鲁克所言："管理的任务就在于使个人的价值观和志向转化为组织的力量和成就。"

第三，"以人为本"，创造承诺文化（"天地之性人为贵"——孔子）。企业文化建设要分析研究涉及战略管理的各文化因子及其地位、关系。企业文化因子模型以企业员工为核心，横向为与员工个人事业发展相关的行业与企业因子；纵向为与员工个人情感和责任相关的家庭和社会因子。员工对与之紧密联系的企业、行业、家庭、社会的看法、态度、愿望、观念决定了企业文化的内容。主要包括：

其一，人本管理，促员工忠诚、敬业、成长（对员工有承诺）；其二，做好战略再投资，回馈、服务社会，以期共赢（对社会及其利益相关方的承诺）。

第四，"理念先行"，抓好战略实施与抉择中的文化建设。

坚守核心经营理念（赢在坚持）。文化建设须理念先行。核心经营理念就是能长期符合行业发展规律的，企业所信奉的经营宗旨。权威不仅决定战略方案的选择，还能创造出保证战略方案成功所需要的企业文化。企业文化建设无须赶时髦，或人云亦云，东施效颦；或标语口号，应运而生；或为理念而理念，放之四海而皆准……而要做到有个性有特色，正确反映行业规律和要求，具有实际应用价值。切忌企业文化政治化、务虚化、口号化、表象化。

战略抉择中的"文化再造"（推陈出新）。齐冬平的《文化决定成败》介绍了"文化再造"典型镜鉴个案。那么，如何搞好"文化再造"、整合与重构呢？对此，可归纳罗列如下要点：①一切可变，唯有核心理念不能变；②海纳百川，兼收并蓄，合理取舍，与时俱进，打造优秀"文化"；③文化传承与创新有机结合，尽量避免"文化虚脱"；④选用强势企业战略家，密切联系市场实际，将先进文化塑造成强势"主文化"；⑤创建真实、高效、大众认同的文化，以确保文化出于企业的需要，诸如，员工的高生产力、高创新能力，高忠诚度等；⑥让"文化"找准定位、张扬个性、做出特色、取得成就。

四、企业"文化因子"在战略管理中的实践意义

新时代的企业管理实践中，有效运用富有战略价值的"文化因子"，夯实企业文化建设及发展战略的现实基础，从而引领管理者往高处站、往远处看、往实处干，能使他们变得高明、精明、开明，促其以人为本、以德服众、以智决策。其实践意义具体体现在如下几方面：

其一，培育原生态文化因子正向功能，进而形成企业新秀比较优势和核心竞争力，契合战略的本质——力量的建设与运用。

其二，借助文化杠杆内生动力，撬动企业巨轮扬帆致远，为企业发展战略导航。

其三，塑造健康向上深入人心的企业文化，提高员工职业能力、道德和素养。引导并激发全员自律、自治，实现自我管理。整合富有战略价值的"文化因子"，从而让企业跨入人力资源管理的最高境界。

综上所述，文化管理无为而治是现代企业管理的最高境界。现代企业最高层次的竞争是文化竞争。企业战略管理中"文化因子"的影响通过企业文化直观真实表现出来，它恰似一把"双刃剑"。一方面，优秀的企业文化帮助企业沿着既定的战略目标阔步前进；另一方面，落后的文化阻碍企业战略管理顺利进行，危害企业成长和发展。企业战略管理离不开企业文化建设三个关键要素：即企业战略家群体、核心与中坚人才和全体员工，汇聚此三方合力共建良好文化基因。用先进主文化的经济活动导向功能、团队建设的整合功能、组织活动的激活功能，营造企业战略管理的"路标系""文化场"和"共振链"，作为激发员工积极性的强大动能，成为企业长寿的种子和沃土。通过先进文化体系的构建提炼、强势文化影响的推广传播和优秀文化资源的消费利用，进而全面推进企业战略管理渐入佳境。

第四章 企业经营变革管理

第一节 企业经营变革管理决策

决策是指在几个方案中做一选择。决策正确与否，关系到企业兴衰。文章主要论述决策的含义、决策行为特征、决策基本要素、决策程序、决策原则，供经济界参考。

一、决策的重要性及其含义

决策关系到国家和企业的兴衰，如日本，由于决策正确，资源小国成为经济大国。又如美国，在第二次世界大战前还是一个大量引进外国科学技术的国家，可是在战后不久，竟成为世界科学技术的中心，这个奇迹也是由于决策正确所致。决策决定着企业的兴衰，如济南三株集团公司经营失败就是由于决策失误引起的。

所谓决策，乃是在几个可能的方案中做一选择。如企业生产什么，不生产什么，生产多少是一种选择。它主要研究决策的含义、决策要素、决策理论、决策原则、决策方法等。

二、决策行为特征

决策行为的智能性。决策的全过程要运用知识、信息和经验，是一种智能活动；决策行为的实践性。决策是对现实和未来实践活动的一种设计和选择，具有明显的实践性；决策的目的性。满足人类生存和发展的需求，是决策行为的基本目的；决策行为的社会性。每个组织和企业的决策行为，对其他企业和整个社会都产生一定的影响，这就是决策行为的社会性。

三、决策的基本要素

必须有多个可供选择的策略。如果只是一个策略，就不存在决策。

必须明确策略的实施效果。如古巴事件中，肯尼迪的参谋班子在提出六条策略的同时，也分别提出采用这六条策略时可能引出的结果。若不提出实施六条策略的结果，肯尼迪无法进行决策。

必须明确策略实施时的客观条件。构成决策问题的不可缺少的前提是明确未来的客观条件，也就是未来实施策略时，行为主体将遇到的影响策略的外部条件，没有对未来客观条件的判断，就不能进入决策。

必须明确实施策略的目标。决策，就是为了选取达到目标的最好策略。如企业的目标定为占领高收入阶层用户市场时，就会采用"高价、高质量、高性能"的生产经营策略；如果企业的目标定为占领低收入阶层用户市场时，就会采取"低价薄利、简单实用、性能可靠"的生产经营策略。

四、决策的程序规范

发现问题。发现问题，是决策过程的起点。

确定目标。确定目标是科学决策的第一步，有经验的决策者必重视目标。

收集信息。信息是决策的基础材料，信息掌握好坏对决策的成败有着某种关键性的作用。

预测。预测是决策科学化的前提，是制订合理计划的根源，是优化控制的基础。

设计方案。为了解决问题，需要拟制方案。最优方案是很难寻找的，令人满意就是一种适用的标准方案。方案要符合总目标，这是决策活动的根本意图。

五、决策原则

方向性原则。方向性原则要求决策必须具有清晰而实际的方向性目标；这个方向性目标具有相对的稳定性，不宜频繁改动或轻易取消。因此，方向性目标不能定得太远太高，企业的方向性目标要受制于和服从于总方向目标。

系统性原则。系统性原则也称为整体性原则。决策要求把决策对象看成一个系统，以求整体最优为目的。以整体系统的总目标来协调各个子系统的目标，从而进行系统的综合平衡。

信息性原则。信息是决策的基础，是科学决策的基本条件。没有准确、及时、适用的信息，决策就没有根据。只有掌握了一定数量的信息，决策才能建立在可靠的基础上，做到情况明、决心大、方法对、效益好。

预测性原则。预测是决策的前提，是决策过程中一个不可缺少的环节。没有预测的决策是盲目的决策。决策正确与否，取决于对未来事物判断的正确程度。预测是由过去和现在推测未来，科学决策，同时必须用科学的预测来克服没有科学根据的主观臆测。

民主性原则。实行民主决策是决策的一个重要原则，是推进决策科学化的前提和条件。决策者的高明主要不在于自身能力的强弱，而在于发扬民主，有效地利用外部的能力。

可行性原则。可行性原则的具体要求，就是在考虑制约因素的基础上，进行全面性、选优性、合法性的分析。掌握可行性原则必须认真研究分析制约的因素。

科学性原则。科学性原则的基本要求：①具有科学的决策理论基础；②具有严格的决策程序；③建立在科学预测的基础之上；④决策者运用科学的思维方式进行；⑤依靠智囊团、依靠专家运用科学的决策方法、技术和手段；⑥建立并形成一个能有效运转的科学决策体制。

经营战略是指企业发展的总规划。没有经营战略，企业就不能生存，更谈不上发展。经营战略的核心是明确企业远期目标和中近期目标；经营成败的关键是适应力或应变力，也是企业的内部资源与外部环境形成的机会和风险的策略抉择。当今是企业的经济环境、技术环境、社会环境急剧变化的时代，是战略经营的时代。企业的竞争力与收益率，取决于企业经营的策略。经营战略的正确与否，不仅关系到企业发展速度的快慢，甚至关系到企业的存亡。美国企业家流行一句话："进步的钥匙""生存的钥匙""是变"，不变就会被淘汰，照搬别人的成功经验，企业不会成为一流的企业。思路和点子是无穷尽的资源，财富的源泉是点子，经营战略决策的中心问题是提升适应和应变能力，谋求中长期发展。

第二节　企业经营变革管理的问题

企业经营变革管理的质量直接关系到企业的生存，企业管理能力的强弱直接关系到企业的发展。我国企业发展主要是以两种模式为主，体制内与传统管理模式生存管理为主，企业在经营管理的同时往往受到自身的种种发展限制，无法进一步突破。企业经营变革管理缺乏长久性目标与眼光、内部管理人员忙于琐事、忽视对企业自身发展市场定位等种种原因，导致企业发展欠缺针对性及没有长久规划。企业自身管理方面则存在：理念的滞后、财务管理混乱、强势部门权力过大这类问题。这些问题让企业面对激烈的市场竞争时寸步难行，甚至断送自己的前程。

一、企业经营变革管理的现状

企业经营变革管理缺乏详细的战略布局。我国企业在经营管理中缺乏长期有效的战略布局，管理层忙于管理联系客户，也忙于整体企业间的工作管理制定，通常在经营中缺乏前卫性的发展眼光，对企业自身的市场定位都是出于模糊的状态，这些企业定位、长远目标的发展考虑得欠缺，让企业短期内暂无负面影响，一旦企业出现震荡，市场行情的变化就会让企业的经营情况迅速产生波动，即使有提前布置的风险风控也是不堪一击，从而企业经营迅速倒塌，失去市场份额。

企业经营变革管理追求短期效益。市场上相当一部分企业经营变革管理者自身素质的有限性，自身无法估量企业发展的变化趋势，企业领导层在制定企业发展的同时，没有站在多元化的角度分析考虑，只是盲目地在自身企业内部去思考，没有对外分析市场行情的变化、竞争对手的竞争，没有从内而外地全方位地展开针对性分析，给出科学合理的方案。一旦企业业绩增长的同时，就开始盲目扩张忽视了自身所能承受的极限，对潜在的风险处于忽视状态。容易盲目跟风追逐市场，缺乏自身企业经营战略的判断，对自身所制定的战略规划缺乏科学性的论证根据。一旦短期目标完成的同时，对自身企业的定位就处于停滞状态，跟着市场随大流，没有站在自身企业内外部具体情况具体分析针对性制订方案。导致企业经营变革管理都是借鉴照搬照抄，进而容易引起同行间相互竞争的负面影响。

企业经营变革管理实施与现实有出入。企业经营管理是根据制定的目标战略来执行，依次分配管理，其中主要是实施与控制来保证整体的正常运营。管理层给予相应方并交由下级来层层管理，形成机制与企业评级管理机制，来进行整体保证及组织保障。尽管大部分企业都制订了正确的目标计划，但实际管理实施起来与现实有出入，比如，缺乏相应监督管理机制，实施保障机制欠缺，员工福利投入、绩效考核肌理对比，企业内部资金对外投入实施不到位等。一来缺乏有效体系监管，一旦出现问题没有相应的对策措施。二来经营管理现实的出入与自身企业制定的目标战略产生影响偏差，不仅使企业效益会大打折扣，财务上报的绩效有水分，就无法提前做出准确的风险预控机制，长期日积月累则会让企业产生大问题，需要提前积累预判机制，严格把控企业经营变革管理，从而建立完善的整体风控、管理、保障机制。

二、企业经营变革管理存在的问题

管理营销理念落后。传统管理模式的影响下，许多企业的营销战略管理理念缺乏创新意识，往往落后于实际速度，跟不上时代步伐，利润巨大的背后是先进企业营销策略的概念领先。在营销人员选择和引进方面，例如，许多公司在营销领域的人员选择不是为了讨好裙带关系就是直系，尤其是国有企业，这种现象极其严重，从而导致企业营销策略变得落后，跟不上发展的步伐。

责、权分明不明确。虽然有些企业已经建立了看似合理的职能部门，也建立了相应的岗位制度，但在部门工作中仍然存在问题。关键在于责任、权利不明确，尽管每个人都有责任规定，但往往由于权力的不明确、利益的不公平，缺乏足够的空间来激励员工的工作，做得好和不好的表现流于形式。

财务管理模式混乱。企业财务监督权利不明，责任权力大小不明确。领导层高于其他部门的权利，直接参与企业的最高决策。经济贸易日益复杂，金融监管变得更加深刻和广泛。当下，建立有效的财务监督职能，建立适合现代企业制度的财务监督制度，具有十分重要的意义。企业缺乏健全的金融监管机制。例如，利用财务信息进行非法财务工作，以提高其经济效益，导致经济犯罪。行业的年度发展预算不切实际，要么夸大、要么缩小。导致企业的年度预算虚假水分过大，进而严重影响企业经济发展预算。

市场展望能力不足。时代在不断向前进步，现阶段不少企业在发展的道路上市场展望能力却不足，大多数在发展中顾此失彼，多专注于眼前发展层面，不注重企业长期发展局面。这样，必然导致企业发展空间在激烈的市场竞争中逐步缩小，发展的路径也逐步狭小，从而企业展现出愈来愈能力不足的发展状态。

三、加强企业经营变革管理的有效策略

树立健康企业文化与经营理念。树立健康的企业文化是企业发展的核心条件，也是成功企业必须追求的标志。企业文化决定了核心价值观，树立了企业思维方式行为动机，赋予企业管理者和员工丰富的企业管理理念和管理风格的内涵。现代企业竞争客观上要求企业文化建设是优秀、创新、高效的核心。良好的文化使企业充满活力，在竞争中占据主动。然而，忽视企业文化建设的企业通常会迷失方向，缺乏适当的战斗和集体力量，长此以往寸步难行。

加强教育培训，提高员工素质。教育和培训是提高员工素质，企业能力，发掘潜力员工的重要途径，加强对企业员工的培训，积极培养后备人才，是企业竞争的重要保障库。随着信息时代、高科技知识尖端人才的到来，企业间的竞争是人才的竞争。因此，员工必须及时进行充电和学习，不断提高自己，否则就会被社会淘汰。十年种树、百年育人，人才的培养是循序渐进的过程，是一个不断更新和完善的过程。对于现有的人力资源，我们只能依靠系统的、长期的、有针对性的培训和学习来实现渐进优化，提高整体素质。

加强企业管理制度建设。管理就是把复杂的问题简单化，混乱的事情规范化。杰克·韦尔奇管理博士说过，一个好的企业经营变革管理需要严格的管理规划，也需要相应的制度。企业管理制度的建立，具有督促性与强制性。主要是管理人才影响企业经济及管理要素。制定管理制度的时候，需要具有公平、连续、针对性、可行性与稳定性等。建立的制度不落实好，则只是空文，不仅达不到管理的效果，同时还会带坏团队风气，增加管理的难度与矛盾。管理则是先"管"再抓"理"。除了建立相应的制度，领导管理中还需要充分把控管控尺度，运用好激励机制，激发员工积极性、挖掘潜能、凝聚团队的战斗力，为企业持续发展出谋划策。

完善市场调研和未来风险预测机制。企业应注重市场调研，通过销售业绩和生产数据统计分析，了解消费者喜爱的东西。让生产销售制定相关战略，通过市场细分，合理的规划和完善的产品，可用不同的宣传渠道和分销渠道来销售产品。同时，每个企业都应该完善未来的风险预测机制，不断借鉴其他国内外的先进管理机制办法，从而促进企业自身不断创新和完善。当然，企业不能只看短期利润，应有长远的战略眼光，充分分析可能存在的潜在风险，进行风险防范，以确保企业有良好的发展环境。保障所有者权益，给予足够管理自主权，充分调动生产者的积极性，进而满足现代企业制度"产权清晰、权责明确、政企分开、管理科学"的基本要求。

企业管理者需要长远的意识、良好的规划目光，相应的全局把控，管理层要能预测到

企业相应的发展变化，给出相应建议。领导心中应时刻了解全局的影响，以整体的利益为重。应以企业集体利益为前提，协调把控好市场与内外的联系。在规划和实施中，以现实为主，根据实际情况实际分析，充分发挥员工积极性、创新性，灵活多变地处理问题。如此这样，才能在激烈的市场竞争中长久发展运营下去，才能以满足消费者需求为核心理念，进而建立好企业自身品牌。

第三节　现代企业经营变革管理工作

经营管理工作是现代企业日常管理工作的重心，积极加强企业的经营管理工作不仅能够有序地保障企业经营发展的良性秩序，而且更能够为企业的生存和发展创造良好的环境，是企业生存和发展的基础。本节围绕现代企业经营变革管理工作展开探讨，对新时代环境下，企业经营变革管理工作的重要性，如何加快企业经营变革管理工作开展的力度展开论述，对于我们更好地推动企业的经营管理工作，发挥出企业经营变革管理工作的力度，服务企业健康科学发展具有一定的实践指导意义和价值。

在市场经济环境下，企业经营变革管理工作的重要性不言而喻，积极加强企业的经营管理工作才能够更好地推动企业的科学健康发展。当前，我国社会进入了发展的新时代，历史的机遇和挑战并存，对于企业而言，企业经营变革管理工作的重要性更加凸显。

一、新时代企业经营变革管理工作的意义

新时代，企业经营变革管理工作具有十分重要的意义和价值，主要体现为以下几方面。

一是加强企业经营变革管理工作是现代企业应对新时代发展的要求。新时代，新气象，在社会发展的新时代环境下，企业的经营管理工作对于现代企业的重要性十分重要，积极加强企业的经营管理工作能够帮助现代企业更好地准确把握时代发展的脉搏，能够让现代企业更好地适应时代发展的需求，因此，积极加强新时代企业经营变革管理工作是现代企业生存和发展的基础。

二是加强企业经营变革管理工作是现代企业自身发展的必然要求。在社会发展的新时代环境下，现代企业必须要注重自身的经营管理工作，只有注重自身的经营管理工作，才能够让企业的发展更加科学规范、更加健康，因此，在社会发展的新环境下，注重和加强企业的经营管理工作是现代企业发展的必然要求。

二、新时代企业经营变革管理工作存在的问题

当前，随着社会的快速发展，现代企业越来越注重企业的经营管理工作，企业经营变革管理的重要性，也被越来越多的企业所重视，然而在现实环境下，新时代企业经营变革

管理工作存在着诸多问题，具体表现为以下几方面。

企业经营变革管理工作存在着极端化的现象。在现实环境之下，很多企业在企业经营变革管理工作的过程中存在着极端化的现象，一方面，一些企业对于企业的经营管理工作过于教条化，形式化，缺少活力；另一方面，一些企业的经营管理工作过于随意化，经营管理的过程存在着不规范等现象，这些严重地影响到了企业经营变革管理的质量。

企业经营变革管理工作人才素质有待于提高。近年来，现代企业积极加强了企业经营变革管理工作的力度，在企业经营变革管理人才培养等方面取得了一定的成绩，然而与新时代企业经营变革管理人才素质和标准的需求，尚且存在着一定的距离，表现为企业经营变革管理人才的素质参差不齐，与现代企业经营变革管理的要求尚且存在很大的差距。

企业经营变革管理工作与新时代的发展尚存在一定距离。作为现代企业要积极加快企业经营变革管理工作的力度，不断提升企业经营变革管理工作的质量和水平，就必须加快企业对于新时代新气象的把握力度，要能够正确地分析好当前的宏观和微观市场，要紧盯市场，立足市场，才能更好地适应新时代发展的要求，然而在现实环境之下，很多企业的经营管理工作与新时代发展的要求尚且存在一定的距离，对于国内宏观经济环境和新时代的市场特征把握还不够到位，在一定程度上影响了企业的经营管理工作。

企业经营变革管理工作的系统性和标准化不强。当前，很多企业在经营管理的过程中普遍存在着缺少系统性的问题，企业经营变革管理工作没有主线条，经营管理工作的标准化也不强，如企业的生产工艺流程不标准，科学化管理不规范等，这些都是现代企业经营变革管理过程中存在的突出性问题。

三、关于现代企业经营变革管理工作的几点建议

在社会发展的新时代环境下，现代企业的经营管理工作越来越显得重要，针对当前企业经营变革管理工作中存在的问题，具体可以从以下几个方面入手。

思想重视，切实提升经营管理的力度。在现实环境下，作为现代企业要高度重视企业的经营管理力度，从思想深处充分认识到企业经营工作的重要性和紧迫性，提升对企业经营变革管理工作的思想认识，牢固树立正确的企业经营变革管理意识，只有这样才能更好地推动企业的经营管理工作。在实践过程中，现代企业要坚决杜绝两个极端化现象的发生，例如，企业的经营管理工作过于教条化、形式化，企业的经营管理工作过于随意化，经营管理的过程存在着不规范的现象。只有正确认识到企业的经营管理工作，避免极端，才能更好地推动企业经营变革管理的正确性和科学性。

注重人才，积极加强人才队伍的培养。在市场经济环境下，企业的人才队伍是现代企业的核心力量，也是现代企业生产力发展的重要源泉，只有培育出高素质，符合企业发展实际需求的经营管理人才，才能够更好地服务企业的经营管理工作。针对当前很多企业经营变革管理人才队伍薄弱的现象，作为现代企业要多措并举，积极采取有效的举措，一方

面加强对现有企业人才的培养力度，例如，开展培训工作等，通过培训切实提升现有人才队伍的整体素质；另一方面，要建立完善的人才激励机制。建立符合企业实际，服务人才队伍的人才激励机制，通过各种制度和激励机制，切实提升人才队伍的整体素质，提高企业经营变革管理人员工作的积极性和主动性，从而让企业经营变革管理人员能够更好地全身心地投入工作中。

注重理论，加强企业经营变革管理的综合能力。随着社会的快速发展，在新时代环境下，市场对于企业经营变革管理工作提出了更多更高的要求和标准。作为现代企业必须要不断提升自我综合能力，只有不断提升自我经营管理的综合能力，才能更好地适应时代发展的要求，适应时代发展的节奏，让企业能够更好地适应社会发展的需要，适应时代发展的新需求，不断获得生机和发展，进而实现企业的科学健康发展。

增强企业经营变革管理的系统性和标准性。在现实环境下，现代企业的经营管理工作是一项系统性的工程，它需要多方面的共同努力和协助。因此，只有加强企业内部各个部门彼此之间的沟通和联系，建立完善的协助和互助机制，才能更好地推动企业经营变革管理工作的开展；与此同时，在现实环境下，现代企业的标准化建设也是现代企业未来发展的主要趋势，作为企业必须要积极加强自身的标准化建设工作，注重生产工艺的标准化，注重管理的标准化。只有标准化，才能让企业的市场竞争力不断提升，才能更好地推动企业在市场的残酷激烈竞争中立于不败之地，从而让企业能够更好更快地提升自己的市场竞争力。

在社会发展的新时代环境下，作为现代企业必须要注重企业的经营管理力度，只有不断地加强企业的经营管理力度，才能更好地促进企业的健康科学发展。本节围绕着现代企业经营变革管理工作展开探讨，对当前企业经营变革管理工作开展的意义和价值进行了简要的分析，从实践出发，对当前企业经营变革管理过程中存在的普遍性问题进行了归纳，如企业经营变革管理工作存在着极端化的现象、企业经营变革管理工作人才素质有待于提高、企业经营变革管理工作与新时代的发展尚存距离、企业经营变革管理工作的系统性和标准化不强等问题，同时对当前企业经营变革管理工作的开展，提出了思想重视，切实提升经营管理的力度、注重人才，积极加强人才队伍的培养、注重理论，加强企业经营变革管理的综合能力，增强企业经营变革管理的系统性和标准性等具体建议，对于我们更加科学地认识企业的经营管理工作，进而推动企业经营变革管理工作的质量和水平，科学服务企业的健康稳定发展等都具有一定的实践意义和价值。

第四节　企业经营变革管理能力

目前我国经济发展相对较快，各行各业都在激烈的竞争中发展，企业核心竞争力是促使企业长期稳定发展的关键动力和重要保障，而要想使企业的竞争力有所加强，就必须注重增强企业自身的经营管理能力，其主要的目的就是促使企业核心竞争力的提升。作者结合自身多年的企业经营变革管理经验，综合分析了企业经营变革管理能力和企业核心竞争力相关内容，希望为后续研究此类问题的工作人员提供一些借鉴。

现阶段我国工程机械制造企业面临着更加剧烈的供需矛盾，要想促进企业的发展建设就必须不断提高企业的经营管理能力，进而增强企业的核心竞争力。通常情况下，企业竞争力的提升受到多方面因素的影响，例如，企业管理水平、资源状况、管理理念、人才建设等，其中最关键的就是企业管理经营者的能力和水平，这是增强企业核心竞争力中非常关键的因素。因此，在现阶段企业非常重视提升管理经营能力，从而促进工程机械制造企业的发展建设。

一、加强企业的经营管理，提高企业内涵，促进企业可持续发展

对于企业的经营管理来说，其最重要的任务就是要实现在质量、效率、成本以及资源和人力管理方面实现最大的经济效益。现阶段，经济全球化的趋势席卷全球，企业的规模逐渐扩张、涉及的领域也逐步增多、企业自身的技术水平以及人才储备方面也是越来越强，除此之外，各企业之间的竞争也在逐渐加剧，正向着多元化和复杂化的方向发展，因此企业应该重视经营管理能力的提高，合理发展企业的内涵，确保企业在这个多元化竞争的环境中得以生存，增强企业的企业核心竞争力，促进企业可持续发展。

加强企业经营变革管理，全面落实管理制度。对于企业的经营管理来说，这是企业可持续发展的重要因素，科学合理的管理制度可以有效地提高企业管理效率，进而在一定程度上提高企业的核心竞争力，同时还可以促进企业的良性循环，保障企业更快更好地发展。如果企业内部没有科学合理的管理制度，那么企业就无法在这个竞争如此激烈的环境下生存，同时对于管理制度来说，企业必须做好监督工作保证其严格落实相关规则和标准，实现对企业的有序管理。在这个竞争如此激烈的环境下，如果企业不能建立相对比较完善的管理体系，那么企业必然会在大潮流下被淘汰，因此企业必须加强管理，制定更加完善的管理制度，这样才能有效增强企业的竞争力，从而保障企业在竞争的浪潮中稳固发展。

企业要重视团队凝聚力。企业作为一个团队存在，如果没有团队精神，没有凝聚力，那么整个企业就像一盘散沙，不能发挥企业的最大实力，也无法实现企业的目标，非常不利于企业的发展。因此企业要定期对全体员工开展思想教育培训工作，鼓励员工团结一致，同时还可以建立激励体系，将员工的绩效考核情况与其年终奖励相联系，从而有效地激发全体员工的积极性，有效地提高企业的凝聚力。同时，对于企业的发展来说，与全体成员有着密不可分的联系，只有将全体工作人员团结在一起，才能更好地促进企业的发展壮大。因此企业要在提高经济效益的同时，重视员工的培养工作，通过激励员工来实现企业的发展壮大。

完善的经营管理制度。建立健全完善的企业经营变革管理制度是企业可持续发展中非

常关键的一环。现阶段随着竞争环境的复杂变化以及企业生存压力的影响，为了促进企业更快更好地发展和壮大，必须要建立健全企业的经营管理制度，这不仅可以有效地保障企业中管理工作的有效开展，同时对于企业管理水平的提升有很大帮助，极大地促进了企业的发展建设，提高了企业的市场竞争力。除此之外，完善的企业经营变革管理制度还可以指导企业的经营发展方向，从而相关管理人员可以根据企业发展的实际情况选择最佳的方式和措施实现企业的发展目标，例如，合理优化企业组织结构，科学分配资源，最大限度利用资源优势等。

二、增强企业核心竞争力

在工程机械制造企业中，核心竞争力包括多方面的指标和因素，例如，企业管理方面、战略方面、技术水平、人才管理等，这些因素之间具有相互的影响和作用，一同影响着工程机械企业的竞争情况和结构，从而保持具有层次感和动态性的竞争力，这是企业发展和壮大的关键因素。在工程机械企业发展过程中，要充分注重内部要素的发展，从而在根本上提高企业运营能力，逐渐积累更多资源、技术以及专业知识，从而为企业核心竞争力的提升奠定良好基础。企业价值的体现就在于核心竞争力，同时这也是企业运行中各种因素积累的作用和结果，并且竞争力的价值体现在企业运行各方面，是企业长期稳定发展的强大动力。总体来说，企业核心竞争力具有时间性、独特性、防守性、延展性以及超长性等特点。

企业核心竞争力的内涵。对于企业发展来说，如果想要立足于现阶段竞争如此激烈的市场中，那么企业管理人员就必须要制定全局性和长远性的战略目标，同时还要根据企业的发展现状制定最佳的发展经营理念、管理体系以及企业文化等，最好还要建立相对完善的运营体系，包括合理的组织构架、工作流程的制定以及企业部门之间的相互协调等工作。对于企业的经营管理人员来说，必须要挖掘企业核心竞争力的内涵，并采取针对性措施提高企业的核心竞争力，制定企业的发展战略，同时还要有效地结合各种先进的信息计算机技术，包括计算机技术、电子资源管理以及电子档案等，合理地将信息化技术融入企业的发展建设中来，最大限度地提高企业的核心竞争力。通过制定合理的企业发展战略、企业内部管理制度和企业文化，从而有效地提高企业的竞争力，除此之外，企业还要不断地吸收和借鉴国内外成功企业的经验教训，这样更有利于企业找准自己的目标和方向，提高企业核心竞争力，从而保障企业可持续发展。

提高企业核心竞争力的关键。对于企业提高核心竞争力来说，就是要在如此激烈的竞争环境中争取最大的竞争优势。但是在如何提高企业核心竞争力方面，各个企业都有自己的看法和见解，例如，现阶段的一些思想有"加强企业经营变革管理来提高核心竞争力的提升""加强人力资源管理提高核心竞争力""加强创新来提高核心竞争力"等，由此可见企业核心竞争力的影响因素是非常多的，但是最为重要的就是企业经营变革管理。这是因为企业是以盈利为目的而开展的生产经营工作，企业经营变革管理水平是直接影响企业利润的最关键的因素。因此这也是直接影响企业核心竞争力的关键因素，企业的发展必须要依靠经营管理者强大的管理能力，创新思维等，这使得企业在一些重大决策以及管理工作方面有非常优异的成绩，有效提高企业核心竞争力，从而促进企业发展和壮大。

加强预算的精细化管理。通常来说，由于制造企业涉及规模较大，可能会涉及大量的资金流动。因此，制造企业制订了正确的项目预算财务计划和各项财务计划，估算成本，使企业有足够的资金满足施工期的生产制造需求。生产预算管理是管理工作的核心环节，在制造环节，必须保障所有的设备制造都是按预先确定的资金预算编制的，资金的使用必须严格按生产预算执行，对资金进行科学合理的安排管理是非常重要的，需要根据实际情况进行合理的安排和控制。对经济管理的各个阶段进行严格的监管，严厉打击造假行为，改善监管秩序，改善监管环境，最大限度地降低风险，确保预算工作的公开透明，经常对财务工作进行检查，发现问题，立刻落实到责任人。这样才能减少不必要的开支，避免出现资金流向不明的问题，合理监督预算资金的使用。

加强精细化管理，要注意安全事故的减少。在制造企业精细化管理过程中，减少安全事故的发生，落实人本管理理念是精细化管理的重要内容之一，生产制造期间，在强调现场安全问题的同时，经常对现场进行检查，发现安全问题和隐患，立即进行整改。要严格按照安全设计的既定执行的批准进行生产，并且每天都要进行安全检查报告。建立完整的安全管理规则体系，就可以顺利地进行精细化管理。在生产过程中，实现精细化的管理模式，能够提升生产工作效率，使整个生产现场更加有序，确保安全，消除潜在的危险因素。企业有必要根据自身当前实际情况，建立合适的安全管理体系，并逐一实施：①生产安全管理人员必须到位，分配安全管理工作到个人，并提供机械设备和材料。设备的类型、标准、性能由专人检测。②施工依据国家标准和规范进行，现场通风和夜间照明设施符合施工需要，减少生产中安全事故的发生。

综上所述，随着社会经济发展，市场竞争也逐渐激烈，对于企业而言，如果想要在竞争如此激烈的市场中保持更快更好的发展，就必须重视企业内部的经营管理水平的提升，这对于提高企业核心竞争力有直接关系。对于企业的核心竞争力来说，就是要求企业的发展要符合市场变化以及经济发展趋势，企业的管理经营者也要不断地改革创新管理思想，建立更加完善的经营管理理念。现阶段，对于企业经营变革管理者来说，要意识到企业核心竞争力的重要性，不断地提高企业经营变革管理能力，从而保障企业在竞争如此激烈的环境中稳步发展。

第五节　经济新常态下企业经营变革管理

在经济新常态下，我国的市场经济发展也有了变化，发展也越来越快，我们国家在经济方面也进入了新常态。现在不管在什么领域，管理方面都存在着一些问题，特别是企业经营变革管理，如果想要更好地发展，就要进行创新与改革，找到更加科学完善的经营管理方案，通过自身的管理和创新，从而让企业更好地发展。

中国经济越来越快地发展，已经进入了经济新常态这个新的发展时期，经济是企业非常重要的部分，要通过自己的不断调整和创新，适应新常态下的市场经济与市场格局。企业如果不及时地创新和完善，就会被社会所淘汰，要不断地创新和完善自己的经营管理策略，从而更好地发展。

一、经济新常态下企业管理创新的重要性

企业想要在市场中得到生存与发展，不能仅仅看外界的压力，由于不只是市场竞争的压力，还有一种压力是来自企业内部管理的压力，对于企业内部的管理一定要进行创新，因为只有内部变得十分的好，才能更好地迎接外部的挑战，增强企业的凝聚力和战斗力，现在经济下行压力比较大，越是在这种时期，越应该加强对于企业管理的重视度，创新企业管理，增加自己的战斗力，现在尽管已经有很多的企业制定了完善的企业管理制度，但是发展阶段不同了，市场环境也不同了，面对着不同的市场环境，企业管理制度也应该有所改善，要适应企业的发展，现在是经济新常态，在这种新常态下也要进行策略性的调整，在管理理念、经营策略等方面都要进行创新，从而得到更好的长期的发展能力。

二、经济新常态下企业面临的经营管理问题

企业的经营管理理念比较落后。因为时代的快速发展，现在很多企业的经营管理水平已经越来越跟不上时代的潮流了，由于传统的经营管理理念已经不能够满足现在经济发展的需要，对于企业的发展也有了阻碍作用，管理理念的落后，对于企业发展策略的制定，也有一定的影响，但是很多企业还是想要得到更多的经济效益，他们使用扩大投资的方式来实现这个目标，这种经营发展模式会让很多的资源被浪费掉，如果不及时地调整，就会面临被淘汰的危险。

企业的经营管理制度还不够完善。虽然现在很多企业也建立了经营管理制度，但是还不是特别的完善，企业经营变革管理制度对一个企业来说是非常重要的，有一些企业制定的经营管理制度不能够顺应时代的发展，在实施的过程中与实际不相符的现象也是常有发生，现在新经济发展得越来越快，制度的更新跟不上形式的变化，因此企业在制定经营管理制度时，一定要根据现在经济发展的水平，顺应实际情况。

企业的组织结构比较松散。现在的新形势下的企业经营变革管理组织结构是非常严谨的，只有严谨了，才能让企业更好地进行管理，但是也有很多的企业组织结构比较分散，这就造成了企业中管理人员的权利和责任都分不清，分工也不够明确，如果出现问题，就会相互推脱责任，这样也不能很好地发挥企业经营变革管理的职能，对于企业正常的生产

管理，也造成了很大的影响，这是企业经营变革管理中一个非常重要的问题。企业组织结构停留在传统企业的管理模式上，结构是比较复杂的，管理层的很多政策不能够落实，也不能执行管理手段，比较落后，效率也低下，参与市场竞争力不够高，如果不及时地解决这些问题会影响企业的发展，也会对企业的经济效益带来严重影响。

企业的管理模式比较保守。从现在的中国企业管理状况来看，一些企业不太重视企业经营变革管理，对于创新管理来说，有一些企业不适应，他们善于利用保守的方式来进行管理，还是停留在传统的管理模式中，并没有趋向现代的管理模式，因此企业在探索时就会有一些阻碍，在进行创新管理时，也会有一些阻碍，由于很多高层企业管理层的人员摆脱不了旧的思维，对于这些旧思维管理模式，已经不能够满足现在的市场要求了，而且有很多企业都是认为过去积累的管理经验是非常重要的，故而在管理时还是依赖于过去的管理模式，对于员工的实际需求不闻不问，员工也就失去了工作的积极性。环境在不断地改变，传统的管理模式对于新时期的管理来说已经不适合了，要调节管理模式，与现代的需求结合起来，这也是一个非常重要的事情，现在经济新常态不断地发展，企业如果还不对自己的管理模式进行调整，不积极地了解经济新常态的发展，那么就会被社会所淘汰，企业要不断地反思，在这个过程中才能有更大的发展空间，积极地学习好的管理理念，从根本上来改变，根据实际情况来进行发展和创新。

三、经济新常态下企业经营变革管理的创新与策略

理念要进行创新。在一个企业里面，理念和思想是具有重要作用的，现在企业管理不够完善，这也是比较重要的原因，理念一定要进行创新，根据现在的形式和所要完成的任务进行创新，在创新精神和竞争意识方面要对先进管理理念进行学习，并且要科学地选择一些观念，现在企业在经济新常态下正在面临改革，所以他们承受的经济下行压力也非常大，在管理方面一定要进行创新，摒弃一些无法适应的理念，用全新的思维模式来进行企业管理。先进的一些经营管理理念，可以让企业的内部有一种积极的氛围，能与时俱进，避免因为内部管理不好，带来一些问题，管理者要积极地进行学习，了解经济新常态下发展的趋势，对企业的实际情况做充分的了解，管理者要用最先进的管理理念组织和安排企业的运转，从而让企业的发展越来越好。

战略目标要进行创新。新常态和以前的经济模式已经完全不同，所以企业的战略目标也要进行创新，要结合这种新的变化，对于企业面临的市场竞争都要考虑到，并且要及时地调整和完善，企业一定要适应现在的经济新常态，对于未来所面临的形式要准确地判断，完善经营管理制度流程，企业的战略就是企业为了能够长远的发展制定的目标和规划，一定要具有整体性、规划性和长期性，并且战略目标的设计还要结合现在经济新常态的发展，要想科学合理地设计发展战略目标，就要有先进的经营管理理念，通过战略的创新，企业经营变革管理规划就会实现全局性和创新，找到企业能够进行管理转变的切入点，慢慢地

进行转型，转变管理理念，结合自身的状况和需求来制定能够长远发展的经营管理战略，慢慢地规范企业经营变革管理目标。

组织的创新和制度的创新。我国的企业在组织架构上还比较落后，中小型企业或者是一些家族企业，组织架构还不够完善，不能够承受在经济新常态下的竞争压力，因此组织也一定要进行创新，对原来的组织架构进行处理，减少管理的层次，根据外面竞争形势的情况，企业要进行迅速的反应和灵活的应对，构建组织架构适应新常态发展趋势，并且在多媒体互联网时代，通过创新应用网络技术完善企业的组织架构，实现管理的创新，让企业的效率变得越来越高。企业在管理时，一定要有企业的制度，这是非常重要的因素。企业管理创新要重视制度方面的创新，通过一些约束的机制，对企业的内部进行这些必要的约束，这样才能形成一个团结的集体，让企业能够更高效地运转，具有活力，在建立机制时，要重视激励机制的创新，由于这样企业才能更加有创造力，还要加强人力资源管理方面的创新，要对员工多加关心，营造一种企业文化的氛围，加强人文的关怀，从而增强员工的归属感。

在经济新常态下，企业有压力但是也有机遇，正所谓有压力才有动力，有了压力企业才能更好地发展，不断地创新自己改变自己，对于内部的管理也会越来越好，通过管理理念的创新、战略的创新、组织的创新和制度的创新，能够很好地提高企业经济管理的水平，在经济新常态下发展也不会被淘汰。企业要从自身的实际情况出发，让企业发展得又好又快，进而提高企业的经营管理效益。

第六节　大数据背景下企业经营变革管理

改革开放极大促进了我国经济和社会的发展，经过这么多年努力，我国在各领域都取得了较大成绩，人们生活水平得到很大提高，这当中，企业的发展起到了关键作用。而企业经营变革管理需要分析和处理数据，尤其是当前大数据背景下，企业更需要跟上时代发展步伐，改变以往传统观念，在这个机遇和挑战并存的时期，要充分利用好大数据潜在的价值，以此获得长足发展。主要分析大数据背景下企业经营变革管理遇到的问题，然后提出解决途径。

科技的发展推动了很多新事物的出现，尤其当前，信息技术在各领域都普遍应用，而且极大促进了企业的进步，在这样的背景下，大数据应时而生，已经成为企业增强竞争力的必需因素。现代化企业，技术改革是一方面，同时先进的经营理念也必不可少，企业的发展也加快了大数据的形成和应用，这两者是相辅相成的关系。随着信息化程度的持续加深，成倍增加的大数据成为企业重要的经营资源，需要指出的是，大数据资源并非就是掌握数据即可，而是要对其进行合理应用，然后为企业决策提供依据，确保企业提高效益。

一、大数据概述

所谓大数据就是通过搜集各种信息而得到多元化的数据库，站在现在角度分析，大数据集合了 IT 技术和数据库软件不能处理的海量数据，最大特点就是实时更新、数量极大。大数据的应用为我国社会和经济做出了重要贡献，很多企业通过分析大数据实现了盈利的翻番。因此，企业也好，社会也好，都要充分了解大数据的特点，使其发挥应有作用，帮助社会和企业向前迈进。大数据背景下企业经营变革管理面临很大机遇和挑战，很有必要对此进行深入研究，这在今后将是发展趋势。

二、当前大数据背景下企业经营变革管理遇到的问题

安全问题。维护数据安全是当前企业急需解决的问题，企业在发展过程中产生的数据都需要进行科学整理、分析、应用，即企业的内部数据和客户数据都会通过网络来进行传播和应用，而网络环境又比较复杂，对企业和个人来说都会有泄漏信息的危险。对于任何一个盈利的企业来说，都会有自己的固定客户群体，这些客户和企业之间的联系很多都属于企业机密，如果这些数据遭到窃取，就会致使企业失去原来的客户，或者和客户之间产生矛盾，进而造成利益上的损失，对企业发展形成阻碍。不可否认的是，在当前大数据背景下，就有这样的违纪分子通过网络技术来盗取数据信息，进而对群众和企业进行损害，最常见的就是诈骗。因此，维护数据信息安全是当前企业管理必须要面对和解决的。

分析和处理问题。企业收集、整理、分析数据的能力和企业的经营管理密不可分，很大程度上也影响了企业创造多少价值。众所周知，现在网络技术的发展一日千里，原来很多不敢想象的事情变成了现实。智能手机、互联网、计算机的应用都会产生数以千万计的数据，这些数据有些有用，有些没用，企业在分析和处理数据方面要独具慧眼，如果技术跟不上，就不会挖掘出当中的商业价值。此外，企业面对的大数据来源比较广，种类也比较繁多，对这些数据进行管理也存在很大困难，通常来讲，不论什么样的数据都会有其潜在的价值，但往往因为人才、技术、设备等客观方面的因素而导致损失了这些数据信息的商业价值，问题在于企业对这些零碎的数据不能有效汇总、整合、分析，因此，企业要加大对大数据挖掘的力度，培养这方面的人才，切实把数据转化为经济效益。

容量问题。以往企业在经营管理方面仍旧遵循传统管理模式，但在这样的条件下，企业的数据储备、分析、整理占企业管理比重很小，即使不通过电脑和网络，也能手工完成。可是随着科技的进一步发展，企业产生的数据成爆发式增长，之前的计算机已经满足不了储存大容量数据的要求，由于其后台、终端处理技术比较落后。不仅如此，企业对数据的应用越来越广，处理和计算愈发复杂，只有转变经营管理模式才能与时俱进，因此，此时当务之急就是对企业数据容量进行扩充。

三、大数据背景下企业经营变革管理途径

建立专业的人才队伍。当前企业之间的竞争就是人才的竞争，而人才决定了技术的上限，决定了企业对数据的挖掘、利用、处理、分析程度。传统人力资源结构肯定不符合分析和应用大数据的要求，鉴于此，企业要完善人力资源，建立专业的大数据人才队伍，使他们能够跟上时代发展步伐，能够嗅到其中的商业气息。现在各行业都急需高素质的专业人才，而他们具备大数据风险控制能力、技术创新开发能力、数据应用能力、管理能力、分析能力，这是充分挖掘数据信息的基础，更是企业今后发展的必然趋势。

提高战略能力。

提搞数据分析能力。现在很多工作都和计算机产生联系，需要处理的数据信息也越来越多，在大数据背景下，对数据的质量和数量都要提高，然后做出科学分析，帮助企业完善经营管理模式。企业分析数据的能力决定了其竞争力，尤其是在当前大数据时代，很多企业都是此起彼伏。如果不保持创新，很有可能随时被社会淘汰。企业要想实现健康持续发展，对数据信息的提取和处理就必须准确，精准掌握客户需求，然后制定具有针对性的解决方案，通过新的网络平台做到精准营销，摆脱传统模式的桎梏，切实做到按需生产，

强化基础设施建设。企业经营变革管理一定要讲究效率，以往的经营管理模式已经落伍，数据质量和数量在管理中的占比都不是很大，在数据处理和分析方面也比较简单，不用担心数据存储容量问题。然而现在不行，企业经营变革管理中存在大量的数据，仅仅存储就是问题，因此，对企业的基础设施要加强建设，满足基本的数据管理要求，比如使用正版软件，运用先进技术分析、管理、加密、备份、恢复数据信息。

加强领导决策能力。火车跑得快，全凭车头带，企业经营需要优秀的领导来管理，要能够抓住数据分析的优势，然后科学决策。很多企业领导在这方面的能力比较缺乏，仅通过经验和以往学识来决策远远不够，只会加大企业管理风险，因此，其要加强自身学习能力，提高对大数据的应用能力，确保做出的决策科学合理。

提高安全管理。

企业数据管理。首先，建立相关数据管理制度，不论领导还是普通员工，都要明确权限和责任，确保信息准确无误，要自觉遵守规章制度。其次，提高组织培训。企业要定期为员工组织培训，提升他们的知识技术水平，更新他们的知识库，让他们能够时刻谨记安全使用大数据的重要性，同时激发他们的工作积极性，改善他们的工作态度，以便能够恪尽职守，切实为企业发展提供帮助。

个人数据管理。我国公民的个人隐私是受国家法律保护的，但是因为种种因素，个人信息会被泄露，很多不法分子就趁机实施诈骗，这就为构建和谐社会埋下安全隐患。企业要控制收集消费者信息泄露的风险，明确哪些信息能采集，哪些信息不能采集，在征集个人信息时要做到提前告知，为客户隐私保密。如果有必要，可以通过法律顾问来提供帮助，

对客户的个人信息要合理合法的采集和使用，同时在使用时要匿名化处理，从而保障客户信息安全。

科技的发展会促进大数据的产生，这对企业经营变革管理提供了契机，同时也增加了困难。在大数据背景下，企业之间的竞争转化为分析处理数据能力的竞争，面对千变万化的市场竞争环境，企业要更新管理理念，创新管理方式，有效利用大数据信息，对企业结构进一步优化，寻求大数据处理和企业盈利的平衡点。

第七节　企业经营变革管理中激励决策

随着社会经济市场结构的不断调整，我国各个企业之间的竞争日渐激烈，而要想在这一市场中站稳脚跟，就必须要从多个角度出发制订战略发展目标，充分认识到组建高素养专业人才队伍的重要性，不断提升企业的经济实力。本节分析了企业经营变革管理中激励决策存在的问题，探究了影响企业经营变革管理中激励决策的主要因素，并从四个方面讨论了新形势下优化企业经营变革管理中激励决策的有效途径。

激励决策是现代企业经营变革管理过程中调动员工积极性的主要方法，其不仅可促进企业内部各项工作职能的转变，同时还可为企业创新发展提供更多的路径。新时代背景下，高素质人才已然成为推动企业长远发展的核心力量，因此企业必须要认识到优化激励决策的重要性以及必要性。立足于企业战略发展，全面考虑到每一位员工的个性需求，激发员工的工作积极性，使激励决策能最大程度发挥效能，进而有效提高企业的经济效益。

一、企业经营变革管理中激励决策存在的问题

（一）未能全面分析员工差异性

每个人的性格必然存在着一定差异，企业中所有员工的个性不可能是完全一样的，若是企业以单一的激励决策为主，未能全面分析员工的差异性，则必然会出现相应激励制度难充分调动员工积极性的问题，部分员工甚至会产生厌烦等负面兴趣。这种情况下，企业激励机制则难以切实发挥效用。因此，现阶段企业应当尊重个性差异，立足于员工实际优化相应制度，从根本上提升积极决策的实际应用性。

（二）未能制定科学的激励机制

通过调查，笔者发现现阶段绝大部分现代企业经营变革管理过程中都存在激励机制，这些激励机制是企业人力资源管理的主要标志，与提升企业经济实力有着直接关联。然而经分析，可以看出其中多数激励机制"流于形式"，未能与企业经营现状与战略发展方向有机整合，限制了员工的思维发散，随着企业经营规模的不断扩大，也不利于企业的长远发展。因此，企业必须立足于自身发展，设立更为适宜且完善的激励机制，将该机制落到

实处，有效提升企业的市场竞争实力，进而推动企业可持续发展。

（三）未能体现出激励的长远性

在企业经营活动中，激励的主要作用为增强每一员工的积极性与荣辱感，使员工可将个人发展与企业长远发展有机整合，进而实现共同发展。最为常见的激励为实物奖励，即若是员工在工作中表现良好或者为企业做出相应贡献，则给予礼品、金钱等实质性的奖励，使员工可充分体会到成功的喜悦。然而相对来说，这种物质激励缺乏长远性，仅呈现出即时性、短暂性的特点，未能全面体现出员工的个人价值，长此以往甚至会抑制员工的积极性。除此以外，不合理的物质激励亦会对企业造成一定的经济压力，阻碍着企业经济实力的提升。

（四）未能给予员工一定安全感

安全感是新时期留住优秀人才的必要前提，只有给予员工一定的安全感，才能使他们全身心投入到工作岗位中，积极主动地贡献个人力量。安全感来源于不同类型的认可与赞扬，亦与企业做出的可靠保障有着直接关联。现阶段，部分企业未能认识到提升员工安全感的重要性，将企业战略发展方向与市场地位隐瞒不公开，致使员工无法真正了解企业的经营现状，长此以往必然会产生危机感，并打击员工对企业的信任感以及依赖感。这种情况下，企业经营过程中则会出现人员流动性较大的严重问题，若是不能有效解决，则必然会影响企业的稳定经营。

二、影响企业经营变革管理中激励决策的主要因素

（一）人为因素

人为因素主要是指企业内部管理者对激励决策的重视程度、企业员工的工作态度以及他们的个人职业追求。尽管，新形势下绝大多数企业已经认识到优化激励决策的重要性，然而仍旧存在部分管理者只看重员工的工作能力，且只对工作失误的员工进行严惩，缺乏一定的物质激励。企业内部有的员工对待本职工作不热情，若是遇到困难则未能及时请求他人帮助，以敷衍的态度达到基本目标，致使工作质量与效率难以提升。除此以外，由于个性存在一定差异，企业内部员工的职业追求各不相同。有的员工追求稳定，安于现状；而有的员工渴望在企业获得深层次的发展机会，通过参加各个项目、各个活动来实现自我价值，从而为企业长远发展贡献更多的力量。

（二）客观因素

随着社会经济市场结构的不断调整，我国各个企业内部机构亦发生了一定的变化，而在此过程中激励者与被激励者之间的矛盾逐渐激化，为了平衡两者之间的关系，企业需要从多个角度出发进行全面调整，使其可满足企业战略发展需求以及员工个性发展需求。现阶段，因企业管理制度仍存在较多缺陷，其存在的矛盾问题仍旧难以解决，同时企业内部

各部门之间权责不清，存在"真空地带"的现象，致使激励机制难以切实地发挥效用，不利于企业的长远发展。

三、新形势下优化企业经营变革管理中激励决策的有效途径

（一）加强重视员工的个性差异

现阶段，有的企业在确定激励决策的过程中未能全面考虑员工的差异性，致使此项决策难以切实发挥效用，甚至会起到一定的反向作用。因此，新形势下现代企业应当加强重视员工的个性差异，从这一角度出发提高激励决策的针对性，从而有效激发每一员工的工作动机。第一，企业可在员工入职之前进行问卷调查工作，充分了解员工的性格、兴趣等，并在此基础上初步建立激励框架。第二，企业可根据员工的个性特点进行分组，制定各种类型的激励决策，确保激励决策的公平性以及实用性，逐步形成和谐竞争的内部工作环境。第三，企业应处理好员工关系，及时解决员工之间的矛盾，避免出现内讧、"穿小鞋"等不良现象，营造更加良好的工作氛围，进而不断提升员工的工作积极性。

（二）强化激励决策的科学性

从本质上来看，新时代背景下各个企业的经营发展遵循着一定规律，这一规律与市场结构变化以及企业经济实力有着直接关联，其具有科学性、秩序性、适宜性的特点。因此，新形势下企业激励决策的制定亦要在规律的作用下准确把控决策的科学性以及切实性。首先，企业应当结合市场变化不断调整激励机制，使其可满足市场要求并与企业战略发展相匹配；其次，企业应从发展的角度认真分析各项问题，并实施"试点"计划，探究此计划的最终效果，基于此逐步优化激励决策。除此以外，企业应合理借鉴国内外典型实例，例如，广东省九江酒厂为了推动企业与员工和谐双赢发展，将绩效与晋升挂钩，定期检测激励决策的实施效果，了解员工对这一决策的满意程度，并鼓励员工积极发表个人意见，同时强化员工的参与权与监督权，使员工可始终以饱满的热情投入工作，进而创造个人价值。

（三）建立并完善企业激励机制

建立并完善企业激励机制是优化激励决策的主要途径之一。现阶段，企业应结合实际情况建立相应机制，使内部员工可切实感受到这一机制的直接影响，强化员工的工作意识，同时使他们将个人付出与个人所得有机链接，认识到只有取得工作上的成功，从而才能实现人生价值。要注意的是，建立激励机制的过程中应当坚持透明、公正的原则，将各环节员工可获得的奖励罗列出来，使员工可明确工作目标，并提高员工对企业的信任感与依赖感。除此以外，企业应重视采纳员工提出的改进意见，借助现代信息技术创建共享平台，使员工可个人意见上传至此平台，整合之后展开全面分析，合理调整现有激励机制，使此项机制可最大限度上满足企业员工的各项需求。

（四）持续完善并优化激励物质

激励物质主要可分为精神以及实物两大类，精神物质激励是指企业可通过颁发荣誉奖章、公开表扬等方式使员工获得被认可的满足感，实物激励是指企业通过发放礼品、资金、给予补助等方式满足员工的个性需求。新形势下，现代企业应当将这两种激励类型融合到一起，根据员工的工作表现、工作能力等展开综合评价，切勿完全依赖金钱，应在实物激励的同时给予精神奖励，促使员工可以感受到企业的人性化管理，不断提升员工的荣辱感。如某一上市企业为了回馈员工，充分利用企业场地建设文娱活动中心，丰富员工的业余生活，最大程度上避免出现员工工作态度不端正、消极怠工等问题，进而为企业长远发展提供更多保障。

综上所述，新形势下优化企业激励决策对提升企业经济实力有着极为重要的作用。因此，现阶段企业应充分认识经营管理中激励决策存在的问题，把握其主要的影响因素，从经营管理中激励决策存在的问题加强重视员工的个性差异、强化激励决策的科学性、建立并完善企业激励机制、持续完善并优化激励物质等方面做起，不断探索新型激励途径，有效调动员工的积极性，从而进一步推动企业长远发展。

第五章　企业财务经济变革管理

第一节　企业财务经济变革管理中的问题

在当今经济社会迅速发展的大环境中，各种行业相继涌出并不断发展。然而，各大企业若想在当今以知识和技术为主的社会中站稳脚跟，有序地运转下去，就必须对企业内部的管理制度和管理方式进行科学的改进。从财务经济管理的角度上来看，传统的财务经济管理模式已经不再适合当今的社会，不能满足当今企业发展和壮大的需要。从财务经济管理的角度出发，对企业在财务经济管理中存在的问题进行分析，并提出相关的意见和建议，以期促进企业找到发展的管理方法。

随着当今社会的迅猛发展，知识对于当今企业的发展变得尤为重要，并且逐步地形成了以知识型经济为主体的社会。如果一个企业想要得到长久稳定的发展，就必须通过不同的手段吸纳更多的优秀人才。优秀人才对于公司的经济发展有着巨大的推动作用，人才的专业性、高技术性可以应用到公司发展的各个方面，帮助企业解决在发展过程中遇到的各种问题。

从企业财务经济变革管理的角度上看，其要求企业的决策者能够结合企业目前的发展状况，从财务经济管理的角度出发去选择更适合企业发展的专业性人才。因此，我们只有对财务管理中存在的问题充分了解的前提下，才能做出相应的管理调整。每个企业的财务经济管理现状不同，或多或少都会存在一些问题。因此，企业的决策者需要根据企业的发展战略和特点，进而不断地对财务经济管理模式做出调整。

一、企业财务经济变革管理中存在的问题

随着社会的发展进步以及经济模式的不断改变，企业在发展过程中也会不断地产生新问题，这些问题阻碍了企业进一步发展和扩大。经过调查和总结，发现企业在财务经济管理中存在以下几方面问题。

第一，企业内部权力混乱，企业的管理者能力水平有限。在我国的企业中，经营权和所有权没有明显的边界，这两种权力看起来虽然执行简单，但是在实际的管理中会产生很多问题。例如，很多企业是家族产业或私有制等，这些企业在创立之初并没有明确的财务

管理部门，这种企业的财务管理不科学且充满了潜在问题，即使是存在财务部门，部门也会受到人为因素的干扰，工作开展十分的困难，这样会导致企业财务经济变革管理受到阻碍和束缚。

第二，经济管理的风险比较高。我国已经进入网络飞速发展的时代，网络技术带动了企业信息的传播。知识经济时代已经到来，并且信息可以借助网络力量快速传输，极大地提高了工作的效率。然而，当企业决策者出现失误的时候，由于网络信息传输速度快，就会加速企业财务经济变革管理的危险。我国大部分企业在进行市场调研和市场开发时不够深入，不能高效快速地占领市场份额。在信息时代的背景下，经济管理的风险随之增加，这是挑战也是机遇。因此企业若想得到飞速发展，就必须同时承担相应的经济风险。

第三，企业财务经济变革管理理念落后，管理手段缺失。企业的良性发展离不开经营者的管理理念和管理手段，因此，管理者必须具备先进的管理理念。就目前来看，我国大多数企业的领导人在财务经济管理理念上比较落后，对于财务经济管理的看法还比较保守，大多数只会追求眼前的利益。此外，在财务经济管理方面，企业管理者常常将财务工作交给亲信打理，这些亲信多半是直系亲属而非专业的财务管理人员，这样的做法也是对企业发展管理的限制。

二、企业财务经济变革管理问题的解决措施

（一）企业财务经济变革管理问题的应对措施

制定科学的财务经济管理目标。做好企业财务经济变革管理工作的前提是对企业财务管理目标进行合理、科学的制定。在管理目标的指导下，企业员工开展相应的工作，让企业的运营走向规范化。企业的管理者在制定财务经济管理目标时，应该注意将无形和有形的目标进行结合统一，合理地制定产权制度，同时将管理目标细化分解，以保证企业出现问题时能够找到相关的负责人员，从而快速地找到问题产生的源头，及时地对问题做出处理。正确的财务经济管理目标可以推动企业的发展，从而推动市场的发展。

加强内部审计工作，规范企业的财务监督。企业需要明确财务管理部门的相应权力，避免在管理工作中受到各方面因素的干扰，结合企业的发展规模和经济现状制定合理的财务管理制度，保证财务经济管理部门的独立，以保证监督部门顺利开展工作。在财务部门开展工作的同时，由审计部门进行监督工作的落实，确保工作落实到相应的部门。然后由审计部门对财务经济管理部门的信息进行汇总，认真做好各项财务支出明细，并结合实际情况对财务工作进行相应的调整。

加强财务经济管理人员的专业培训。企业财务经济变革管理的工作最终会落实到基层管理人员的肩上，所以管理人员的专业知识和职业道德就显得相当重要。企业应该对财务经济管理人员不定期地开展专业培训，提高管理人员的专业技能，保证管理人员具备良好的道德素养。另外，需要注意新入职人员的培训，可以采取老带新等方式进行，让新员工

尽快地熟悉工作并进入工作，为企业创造更多的价值。

（二）企业财务经济变革管理问题的创新措施

企业财务经济变革管理理念的创新。企业财务经济变革管理理念的创新要坚持"以人为本"的原则，将管理理念向人侧重，注重员工的发展，认识到企业员工才是企业发展的基石。企业的人性化转变会直接影响到员工的工作效率和归属感，从而提高工作的热情，进而推动企业的发展进步。

企业财务经济变革管理职能的创新。首先，财务预算工作的创新。财务预算是企业在某一段时间内经营状况和支出的计算，对于企业财务经济变革管理工作起着至关重要的作用。只有企业实现了财务预算工作的创新，才能对企业的经营进行提前预估，设计最优财务方案，让企业在发展的道路上越走越远。其次，资本运营的创新。企业如果能够对资本进行合理的分配，就可以科学有效地提高企业的经营能力。在这个过程里，企业的决策方需要对资本运营的能力进行把控，根据企业发展战略选择适合的运营方式。最后，财务决策方面的创新。企业必须考虑到目前的实际状况，用科学、专业的管理手段，对企业财务管理做出合理判断，提高企业资金在市场运作的效果，实现企业经济的利益最大化。在市场经济体制逐步确立的过程中，企业间的竞争变得尤为突出，在企业财务决策上进行创新优化，并融入企业的运营管理中，不仅可以避免企业资金的浪费，还能为企业创造更大的价值。

综上所述，若想将企业利益扩展到最大，就必须深入开展企业财务经济变革管理工作，从企业的发展策略和实际的经济状况出发，加强财务经济的管理工作，从而促进企业走向稳定发展的道路。

第二节　大数据时代下企业财务经济变革管理

随着大众创新、万众创业热潮的开启，互联网技术不断提高和升级。继云计算、物联网后，应运而生的大数据时代所带来的数据资源的开发和应用对企业产生的影响不容小视。互联网时代的新技术改变了传统企业财务管理的模式和应用，大数据作为一种全新的科技产物，从而为企业财务管理开辟了新的天地。

一、传统企业财务管理现状及存在的问题

网络化水平偏低，资源整合能力差。随着大数据时代的巨变，传统企业的财务管理的网络化程度偏低，达不到与时俱进的水平，信息的传输还不能够全面输入输出数据。这样的模式放在目前的大环境中就意味着技术的落后，更严重的说会影响企业整体办事效率进而导致效益的降低。由于网络化技术达不到要求，要想整合大量的"碎片化"的资源，也

就变得无所下手，从而影响了企业的资源整合能力。

人工费用成本较高，高级化人员缺乏。近年来，企业越来越重视财务规划，对于财务人员的需求变大，是直接导致财务人员费用成本提高的一个重要原因。而面对这种大环境的突变，普通财务工作人员的财务水平已不足以完成更艰巨的任务。对财务人员需求与供给之间的矛盾还未能缓和，因此，与网络信息化相结合的财务人员是企业发展的需要。

财务决策不合理、质量不高。目前企业决策者和财务人员很大程度上都依赖于经验来判断和调整市场，评价体系中财务指标也局限于靠货币来计量，缺少对其他因素的深刻剖析。这不但极大降低了企业对财务管理的可参考性，同时也难以满足信息使用者的要求。更进一步说，这种决策的不合理已经影响了企业决策的质量和发展。

二、大数据时代下企业面临的挑战

网络安全及监管方面的挑战。面对层出不穷的互联网技术的换代升级，数据的不断更新、传出、输入等，网络的不真实性和真实性是并肩存在的，我们所面临的负面效应就是客户信息的保密度会降低。个人信息、商业资料的流失会带来各种各样的麻烦，容易致使个人安全受到威胁、名誉受损和企业利益的流失。这无疑给监管部门带来了不小的挑战。

数据整合方面的挑战。大数据时代，不言而喻的就是数据量的庞大，怎么样对海量数据进行分类、整合、分析、挖掘才能提升企业的效率，对企业决策达到事半功倍的效果，是未来企业发展应该重视的问题。企业所能获取到的各种数据来源包括：新闻纸媒、物流、电商等接收到的有关图片、音频资料这些都属于半结构化资料；而企业目前只能接受结构化资料。这其中就有了冲突和矛盾，如何调整和整合这两种资源也是企业发展的所考虑的问题。

财务部门内部管理和组织结构方面的挑战。企业的财务部门的职能不能只是局限在传统的会计业务核算，报表分析等业务。海量的数据要求财务管理人员要从多方面对数据进行全方位的考查，包括采购、市场调研、销售等各个环节的渗透，这就无疑加大了财务人员的工作量和技术操作性，对于财务部门内部职能转变，不断拓展新思路是一个很大挑战。

三、大数据时代下企业财务管理的机遇

有利于财务信息的处理的高效和准确。与传统的冗长复杂还容易出错的手账会计记录方式相比，大数据时代下的财务管理充满了活力，利用现代科技云端计算和储存功能对数据进行整合、处理和分析，能够极大提高企业财务管理人员的办事效率。并且，在传统的财务管理中由于技术层面的缺失有些数据无法真实得到或被证实造成最后的决策上的不精准，在大数据背景下都能够被弥补，使数据在来源方面更加真实可信，为企业管理和决策贡献了力量。

有利于对企业的决策和风险规避。有效地对数据进行挖掘、分析、整合、分类处理，

能够使企业管理人员直观全面地发现适合企业发展的创新点和赢利点，能够很好地抢占市场，谋求发展。同时，也可以使企业通过对数据的深刻分析对客户群体以及潜在的客户的喜好进行了解，从而能够更好地为企业未来发展提供一个良好的方向。同时还可以通过对数据的分析对风险进行合理规避，及时进行风险处理，减少企业利益流出。

有利于促进企业财务人员的素质的提高。此前，财务管理人员只是对财务方面的会计审核、财务报表进行分析，进而给决策者提供决策依据，财务人员并不是真正的管理者。如今，大数据时代为企业财务管理人员构建了一个开放的平台，让传统的财务人员转变思想，掌握新技术新方法，把会计技术和网络技术结合到一起进行整合，这样可以使企业财务人员对企业有了更直观地了解，对及时评价企业财务状况和预算能力有了更强的保障。同时，在学习中也提高了企业财务人员的专业素养，进而为企业培养了高精准人才。

有利于企业财务创新。在大数据要求下，数字、媒体、图片等信息林林总总，企业财务工作要想在纷繁的数据中提取有利于企业发展的数据，为管理决策提供可靠的技术支持，就必须将财务管理软件进行更新、换代、升级，通过加强数据的信息处理功能来提高数据的有效性和质量。通过这一运用，还可以减少数据不对称带来的困扰，有利于提高企业决策能力和市场竞争力。这种透明化还可以推动企业内部管理的监管，从而塑造更好的企业氛围。

四、大数据时代下企业财务管理的发展对策

加强财务管理信息化建设。大数据时代，海量的信息呈井喷式袭来，在给企业带来好处的同时也要注意到对信息化的管理。首先，要建立企业财务管理信息化制度，因为只有通过制度保障才能保证信息化的推进和升级。有效的信息化制度是企业发展的基础。企业必须通过建立信息化制度来进一步对信息的收集、整合、分析进行更加规范的要求。这也提高了企业信息的公开化和透明化，为塑造企业良好的信誉提供了很好的保证。然后，要建立企业财务信息共享平台，将财务信息、战略发展、客户资源等都放在一个平台上进行直观的分析，对企业发展决策提供有效的参考。最后，要对企业财务管理软件进行换代升级。依据目前企业发展方向和大数据时代信息化的要求，对现有财务软件进行改版，提高软件搜集信息，整合数据的能力；还要扩展数据容量库，使其可以容纳下更多数据。

转变企业管理者的意识和理念。一个企业要想决策成功，很大程度上依赖于明智的管理者的决策。在大数据背景下，更加凸显一个企业管理者的决定性作用。大数据带来的企业信息透明化、公开化会减少企业决策的失误，给企业带来好处。然而，数据的庞杂使大数据处理工具以及更新升级换代带来的成本的高昂，使很多企业管理者都望而却步。这就需要现代企业的管理者去接受新理念、新思想。要顺势发展，就要转变思想意识，就必须去适应现在的大数据环境。只有在大量数据的基础上进行精准的分析，才能使管理层做出更加合理的决策，以利于企业长期稳定发展。并且，管理者还要审时度势，通过呈现的数

据来进行可行的分析决策，而不是凭一己之经验。

加强财务管理人才队伍建设。人才是企业发展不竭动力和源泉，因此提高企业财务人员的综合素质和技术水平是必不可少的。首先，企业可以外聘专家老师对现有财务人员进行统一培训，学习的相关的计算机知识和适应现代大数据发展的会计信息系统知识，提高财务人员的技术水平，激发他们工作的热情。其次，可以培养高层次人才，选拔高水平直接能上岗人员来充实财务管理系统的队伍，为整个团队增添新的血液，加速企业的发展。最后，还要加强内部考核制度，定期对财务人员进行培训后的考核，以此来确保财务方面决策的高效性，并有利于企业的内部监督。

现代企业的发展已经离不开大数据的支持，企业管理者必须立足实际情况对管理方向进行调整，企业发展的脉搏是企业内部的财务管理，所以企业要把握好大数据时代企业的财务管理走向，迎接大数据时代带来的机遇和挑战，顺势而上，从而实现企业更高层次的发展。

第三节　企业财务经济变革管理的核心分析

随着时代的发展，市场经济的发展越来越快速，企业财务经济变革管理的地位也越来越重要。本节从现阶段的企业财务经济变革管理状况出发，提出了加强企业财务经济变革管理的相关措施对策，旨在帮助企业提升自身的管理水平，提升企业的竞争力，促进企业稳健发展。

管理是一个企业的发展的命脉，企业的财务经济管理对于企业的发展意义更是不言而喻。通过研究，我们对企业的财务经济管理意义进行了总结。

一、企业财务经济变革管理的意义

（一）强化企业规范经营

高的经济利润不仅是企业发展经营的最终目标更是企业提升核心竞争力的关键所在。提高企业经济利润的最主要的途径是加强企业的财务经济管理。第一，为企业的发展提供依据。因为财务经济管理贯穿于企业经营管理的始末，尤其在企业在落实自身决策，确定自身发展方向的时候就更是离不开财务经济管理。基于以上，企业应该重视经济管理的相关工作，让企业内部人员更好的认识企业管理，进而发挥经济管理的相关职能，为企业的高层和与企业合作的各方利益相关者提供决策的依据。利用经济管理归纳出成本效益核算、筹资情况、负债情况、风险控制防范等方面的真实情况，全面提高企业决策的科学性，促进企业可持续发展。第二，强化企业的资金管理。企业在进行财务经济管理的时候，需要重视资金的管理，尤其要将资金链的运行管理作为重点，提升资金的利用效率，降低企业运营的成本，实现企业资源的优化，设计合理的企业发展目标，全面的提高企业的经济效益。第三，具备协调控制作用。加强企业的财务经济管理可以减少企业经营的盲目性，企业在进行相关的财务计划的时候会对自身的实际情况进行考虑，这样就可以落实企业财务活动的科学性，使企业的发展更正确，也更符合时代发展的趋势。第四，事前控制。加强企业的财务经济管理可以强化企业财务行为的事前控制，从而有效解决事后控制的弊端。

（二）全面提升企业的经济效益

财务经济管理具备监督作用，利用监督作用可以全面提升企业的经济效益。在落实企业财务经济变革管理工作的时候，通常都是从企业的实际财务状况、市场经济情况、社会需求等角度全面出发的，制定出与企业发展目标相符的管理措施，降低企业的风险，提升企业的利润。第一，企业的监督管理。通过企业的监督管理，可以提升企业的资金、财产管理，确保资产的完整性和资金流动的合理性；在原材料采购、商品流通等方面财务经济管理还可以有效降低企业成本、减少损耗。财务经济管理工作通过监督企业财务收支状况，构建安全的企业资金管理体系，提高企业的财务安全。第二，为企业的决策提供依据。企业的财务经济管理不仅负责分配整个企业资金，制定财务政策，还反应企业发展现状，监督资金的任务。第三，提高企业经营自觉性。通过财务经济管理可以促进企业的依法经营，杜绝企业内部发生贪污腐败现象。

二、加强财务经济管理的相关对策

（一）全面提高企业的财务经济管理意识

只有全面提高企业的财务经济管理意识，强化企业的管理手段，才能从根本上发展企业。树立全面的、科学的财务管理理念，首先应提高企业领导阶层的财务经济管理观念，让企业的领导人充分发挥模范带头作用，将财务管理理念从上到下全面地落实下去。与此同时，企业还需要对管理过程中的各种风险建立健全的财务预警体系，实现企业生产经营风险的最低化。此外，企业还需要对企业内部的全体员工进行财务经济管理意识的深化培训，实现财务经济管理的科学划分，全面落实会计的核算职能，确保各项工作能够落实到位，全面提升企业的市场竞争力。

（二）加强企业的资金管理力度

资金是企业生存发展的关键，企业的一切经济活动都立足于企业资金的合理利用，强化企业生产经营中的全部阶段，减少存货资金及应收账款的占用，加快资金的流动速度，提高资金的使用效率。企业可以从以下三点出发：第一，从整体规划出发，分级、分层管理，做好预算相关的工作，将资金管理职能发挥到最大，提高资金流动，为企业资金的调拨、支付及结算提供保障；第二，在投资的时候一定要全面的考虑，提高企业的风险意识，将投资项目的论证、预估等工作全面裸睡，合理计算项目的筹资成本与回报率，确保企业资金的保值增值；第三，在充分发挥财务控制作用，减少管理漏洞的同时，对物资消耗的定量管理以及费用定额管理进行严格的把关，有效地降低企业的成本。

（三）全面落实企业的预算管理

通过一定的组织结构对企业的编制预算、考核预算执行、调整预算进行管理，全面实现预算管理工作的作用，进而让预算管理更科、更有效。由企业领导阶层管理组织结构，成立由领导阶级直接管理的专业委员会，为预算管理提供决策。企业的财务管理部门与计划部门应该做好内部控制与预算管理工作，为各项手段的顺利落实提供保障。明确各部门的责任，对问题或者偏差现象及时分析，在结合实际情况的基础上对设计进行优化，尽可能地减小人为因素对预算的不利影响，从而为预算的顺利进行提供保障。

（四）加快企业的信息化管理进程

将计算机财务软件应用进财务经济管理的过程中，促进企业财务、业务一体化，将财务经济管理的作用发挥到最大。企业应落足于自身发展的实际情况，有针对性的选取财务软件，强化财务管理的监督与控制职能，实现企业资金的优化配置。此外，21世纪是人才竞争的世纪，企业想要强化财务经济管理还需要提高企业内部财务人员的综合素质，不断推广新政策、学习新知识，提高员工的专业素养与职业道德。

企业只有将上述策略有效的应用进财务经济管理的过程中，才能全面提高企业的管理水平，增加企业的市场竞争力，从而使企业稳健发展。

第四节　企业经济管理中财务管理的价值

财务管理工作是企业经营管理工作中极为重要的一环，该项工作就是要帮助企业正确处理各项复杂的财务关系，合理地对企业的各项财务活动进行组织和安排以及监督。该项工作是企业工作的重点，高效合理地完成该项工作，可以帮助企业实现创造更多利润的目标，更能够使企业的经济管理更加有序化、组织化、高效化。文章就将重点探讨该项工作在企业经营管理中的价值，明确企业进行该项工作的重要性，让企业不断提高该项管理水平，进而实现其健康稳定的发展。

一、能够为企业的活动与经营提供可靠的信息

记录企业经营的每一项活动的支出和收入都是财务管理工作的重要内容之一，由此可以看出：企业经营工作的每一个步骤都与财务管理工作有着不可分割的联系，财务管理工作的好坏直接决定着企业中各项经营信息的准确性和完善性是否达到一定的标准。只有准确可靠的信息报表才能为企业提供有价值的参考。其中，只有高水平的财务管理工作的不断开展才能够为企业的活动与经营提供真实的、可靠的财务信息，才能帮助有关部门对各

项经营活动所需要的资金进行估计和预算，为项目的开展提供充足的资金支持，保证企业该项活动的顺利进行和完成。而企业的经营者也可以通过总结上交的财务信息报告对公司的具体经营的状况进行了解，才能时刻监督各项经营活动的具体开展，确保员工以积极的态度认真地对待工作。总之，该工作的开展是企业活动和经营能够顺利进行的基础。

二、能够确保企业提供平稳的资金链，保证各项活动的开展

企业各项经营活动的开展必须得到平稳有效的资金支持，只有预先对各项资源和资金进行了解和把握，才能够确保后续的规划和管理工作的正常进行，同时才能够使企业拥有一条相对平稳安全的资金链，保证企业经营活动的顺利实施与开展。而只有财务管理工作才能实现对资金的具体把握，掌握真实的资金动态。具体来说，可以特别了解企业的现金流的具体情况，并且对资金进行科学合理的分配和使用，资金管理工作的有效进行可以提高资金的使用效率，实现资金的高收益化，提升企业整体的商业价值。总之，该项工作的进行为企业具体工作的开展提供稳定的资金支撑，从而也为企业确立了较为合适的盈利目标。

三、能够及时推算发现企业经济管理中的问题

定期的财务管理工作可以通过对各项财务数据的分析，找出企业经营不善的原因和企业经营中不合理的地方，避免资金的不合理投入和浪费。工作人员可以结合整理的财务数据，分析具体的项目建设中存在的不合常规的操作，然后对不符合相关规范的操作进行管理。而且，该项工作不仅能够利用各项数据进行利润估算，找到公司中有发展潜力的项目，而且还能够针对某些项目中存在的问题提出可行的应急措施和方案，进而实现管理水平的不断提升，确保公司的进一步发展。

四、能够降低企业的运转风险，及时解决潜在的隐患

企业在经营的过程中经常会遇到一些不能够事先进行预测的状况，因为各种影响因素都会让企业项目发生变动甚至混乱。为了使这种情况出现的概率减少，就必须要进行财务管理的工作。企业如果想要安稳地发展下去，就要拥有一定的风险防控意识，要提前分析当下的市场环境和行业行情，做好应急的各项方案设计和措施防护。在进行项目决策时，还需要考虑降低该项目的运行风险。有关财务管理工作的进行就可以通过对各项数据进行对比和分析从而获得具有前瞻性的财务报表和数据，这样就能够依据这些真实的财务数据选择投入较少、风险较低的方案，就可以在极大程度上减少各项风险发生的概率，让项目不再拥有潜在的隐患，进而确保公司经营的顺利进行。

五、能够提高企业经济管理的效率和利润

企业经济管理的最终目标是实现企业内部各项利益的最大化。而财务管理工作的进行使得企业风险防范的能力得到了提高，这就大大减少了企业经营的失误概率，保证了企业的各项利益。该项工作的进行还能够有效地监督各级工作人员，使其能够认真对待自己的工作，从而帮助公司提升内在价值，为公司营造良好的企业形象。再者，该项工作的高效进行还能够使企业经济管理的水平不断提高，进而使得管理工作的效率也得到提升。

六、能够促进企业内部管理体系的建立

财务管理是一个企业的内部控制制度的重要构成内容，财务管理要想发挥其作用就一定要结合该企业具体的经营状况制定健全完善的财务管理制度或体系，并且建立专门的监督部门监督其工作的进行。这样就能保证各个工作人员严格遵守相关规定，做好自己分内的任务与工作。财务管理工作的进行和财务管理制度的确立使企业经济管理体系也逐步确立，让企业的内部管理变得井井有条，进而最终让企业实现平稳健康的发展。

七、能够对企业的其他各项管理发挥的作用

财务管理工作归根结底是一项经济管理工作，企业要想健康的、长久的发展下去，就一定得处理好。例如，企业和员工之间、企业和企业之间、企业和借贷机构之间等多方面的财务关系。只有根据财务管理工作最终汇报的结果才能决定企业将来发展的大方向，企业其余的管理工作的目标都是尽快朝财务部门确立的发展方向迈进，因此，该项工作对企业的其他各项管理发挥着导向的作用。

八、成为投资者进行最终决策的有效信息渠道

投资者在选择企业进行投资时，必须要有一个相对透明、可信的信息渠道。有投资意向的投资公司可以根据企业所提供的财务信息了解到该企业的具体经营状况和收益状况，然后根据这些报告所提供的信息进行合理的投资决策，降低其投资风险。同时经营良好的企业也可以主动为投资方提供详细并且真实的反映企业具体状况的数据报表，从而利用这些信息获得企业发展需要的投资。

九、为企业的决策层提供可靠的参考

一个项目最终能否实行要看其是否具备较低投入、较高产出、较低风险的特征，而决策层是要结合财务管理部门做出的报表来判断一个项目是否具备这样的特征。因此该项工作的价值就在于其为决策层及时迅速地提供具有参考价值的财务信息，这样才能确保后续

分析工作的准确和有效。这就要求财务管理的专业水平应当随着市场对其的要求不断提升，这样才能确保决策的正确性。

财务管理在企业的经济管理中发挥着巨大的效用和价值，例如提供重要的财务信息，降低项目风险，增加企业的经营效益、为投资方构建信息渠道、促进企业内部管理体系建设等。在近年来，企业的工作人员已经越来越意识到该项管理工作的重要程度，并且逐步将该项工作确立为企业管理的重中之重。然而目前企业的财务管理中还存在着从业人员素质不达标、监管力度太弱、具体管理混乱、融资较为困难等各式各样的问题需要解决，这就需要各级工作人员齐心协力，对管理机制进行改革和发展，同时提升自己的素质，为企业的发展做出贡献。

第五节　加强财务管理提高企业经济效益

在企业发展过程中，财务管理有着重要意义，它把控着企业的经济活动，影响企业在市场中竞争力，从而使企业在社会发展中走在最前端。企业良好的经济效益是需要财务管理的辅助，需要企业在财务管理方面重视，财务管理在企业中的应用可以促使企业能更好地发展。所以，如何使财务管理在企业中发挥最大的作用，是企业发展中的重要问题，需要我们去分析探究，使得财务管理在企业中发挥最大的作用。本节主要论述财务管理在企业中的应用，并针对财务管理在企业中存在的问题提出对策和解决方案，进而使企业在社会竞争力中健康稳健的发展。

在企业实际发展的过程中，财务管理工作较为重要，管理部门应树立正确观念，制定完善的管理方案与战略机制，使用科学合理的方式开展内部控制工作与成本管理工作，预防资金风险问题，加大管理工作力度，充分降低企业资金费用的支出，创新财务管理工作方式与方法，全面提升经济效益，在严格管理与协调的情况下，充分发挥财务管理工作在企业经济发展中的重要作用，进一步提升企业经济效益。

一、企业财务管理工作的重要性

当前，很多企业在制定战略方案与管理制度的时候，会将财产所有权与经营权等分开，导致企业财务管理与经营工作目标不一致，不能更好地进行控制。一些经营管理者为了自身利益，会通过不合理的方式损害经营利益。同时，企业很多不相容职务呈现相互分离的发展状态，未能进行统一的管理，难以形成财务管理的内控体系，严重影响经济效益的管理效果，无法满足企业当前在经济发展方面的需求。然而，企业在加大财务管理工作力度之后，可将各类职务内容等融合在一起，进行统一管理，在经济协调控制的基础上，设置统一的发展目标，降低各个环节的成本，进而提升企业经济效益。在日常工作中，企业加大财务管理工作力度，可实现各个部门的监督与约束，提升资金的使用效率，为企业获取较高的经济效益。同时，企业在财务管理中还能充分预防资金风险问题，创新整体管理工作模式，提升企业的经济发展水平。由此可见，企业在实际发展中加大财务管理工作力度，有利于促进经济效益的提高，增强市场竞争能力。

二、企业财务管理的应用解析

企业根据自己的发展需求，借助融资手段来满足企业发展所需资金。在企业发展过程中筹资管理属于最基础工作，也是企业能更好发展下去的手段，是企业财务管理中的基本工作，所得筹资是企业的基本构造。其中投资管理也是企业财务管理的一部分，投资是企业有目的进行的金融活动，是为了实现企业资本的壮大。此行为具有极大的风险，如果投资失败可能导致企业的破产，使企业无法运作。因此，一个企业涉足投资，必须谨慎，保证企业在投资过程中受到的伤害降到最低，使企业在资金紧缺的情况下正常运作，对企业的经济损伤达到最小。企业资金的流动性管理，是企业财务管理不可缺的一部分，是企业资金活动中的重要监管环节，是为了使企业资金正常运作的条件，同时也确保企业在发展中更好管理资金，提高了资金的流动性，促使企业加快发展，也提高了资金流转过程中利用率，企业的发展更加健全稳固。企业利润分配的管理，是企业财务管理工作的重要环节，是企业和谐发展的核心力量，进行利润分配，涉及各方的利益，关系到企业的发展前景，因此在利润分配过程中应该严格管理，是企业发展和投资者的合法权益不受到伤害，有规定的分配形式，保证了企业的健康发展，同时使企业在管理过程中得心应手。企业在利润分配上一定要合理科学，达到预期的成果，才能更好地发展下去。

三、加强财务管理在企业中作用

加强财务管理在企业中的地位。企业管理效率的提高，需要好的管理体系，而制定的管理体系是为了使企业利益最大化，实现企业生产经营中的预期目标。财务管理是企业管理的核心部分，需要企业在管理过程中多加重视，它可以提高企业的生产效益，使每一个员工发挥最大的职能，为企业带来更大的利益，从而使企业的经济效益更上一层楼。重视财务管理，很大程度上影响着企业的发展前景，财务管理在企业中合理的规划资金，将企业资金的利用率达到最高效，使企业在社会发展中立于不败之地。

企业成本管理的重要性。财务管理是企业发展的重要组成部分，做好不仅可以给企业带来巨大利益，也可以使企业在发展中井然有序，找到自己的定位，从而健康地发展下去。企业在成本上的减少，利润自然提升，为企业以后的发展奠定基础。

注重企业的预算管理。企业在发展中需要提高经济效益，做出预算分析企业未来发展方向，汇总出企业资金情况，根据自身的发展需求做出正确决策，在企业经营活动中成本投入的预估，从而使企业在未来发展中有目标的进行。

财务管理信息化的运用。科技不断地进步，计算机技术在各个领域起的作用非常大，企业财务管理与计算机技术结合应用，是企业发展的基础，它可以提高财务管理工作的效率，在管理过程中可以更加方便。企业资金管理的健康运作需要计算机技术的辅助，达到精确无误，随时可以查询，为企业的管理做出最大贡献，同样减少了财务人员的工作量，有精力去更好地管理企业，可以更好分析企业资金的流动情况，从而使得企业做出更加准确的决策和判断。

四、财务管理在企业中应用的建议

财务管理是企业发展的基础，社会的飞速发展促使着财务管理的创新发展，使企业在未来的道路上稳步前进，资金的有效利用可以使企业更好地前进，在前进的过程中离不开财务管理的分析，企业投资不可盲目，需要进行全面的财务分析后进行，同时需要企业善于发现机遇，抓住机会，不被时代淘汰，在社会潮流中立足，要从以下几点入手：

树立正确观念。企业应结合市场经济体制的变革特点，了解新时期背景之下的挑战与机遇，并针对性地开展财务管理改革工作，以免影响自身经济效益。首先，企业应转变传统的财务管理工作思想，不再使用事后财务核算方式进行处理，而是进行事前、事中与事后的全方位管理，充分发挥财务管理工作的积极作用。在此期间，需要求每位工作人员都能树立正确的观念，将财务管理作为重要内容，进而提升核算与预算管理水平。其次，在日常管理工作中，需进行多元化的财务监督与决策，结合企业的经营情况与经济发展特点等，编制完善的管理计划，提升决策数据信息的准确性与可靠性，以此规范财务管理行为。

加大资金管理工作力度。通常情况下，企业财务管理中的重点内容进行资金管理工作，可实现资金支出与收入方面的管理与约束目的。因此，企业在财务管理期间应树立正确的资金管理观念，提升各方面资金的使用效率与水平。首先，在资金管理中，应降低融资方面的成本，减少现金存量，科学配置资金资源，合理的开展负债等管理工作。其次，需关注资金时间价值，加快周转资金的处理速度，在科学管理中获取更好地效益。在企业资金管理工作中可以建立财务中心，各级财务工作人员与金融企业进行良好的沟通，有利于获取成本较低的贷款资金，还能充分调动财务管理核算工作与资金运转工作的正确落实，促进企业资金管理工作的良好实施。其次，企业财务管理部门需统一计划内容、贷借款内容、调度内容，在资金管理环节中，进行无缺口无沉淀的控制，在资金有偿使用的情况下，减少资金占用量，控制利息费用，进而提升资金使用效率。

注重企业财务分析。企业财务管理工作人员应定期开展财务分析工作，以便更好地管理企业，合理评价经营业绩情况，了解财务管理现状与问题，深入了解企业的资金去向，分析出企业自身状况，是盈利还是亏损，预测企业未来发展中的经济效益。企业的发展离不开财务管理的分析，在财务分析中还应进行考核与评价等工作，获取准确的数据信息，然后编制完善的决策方案，通过经营决策文件的支持提升资金管理工作效率与水平，综合化的分析企业经济效益管理情况，在提升经济效益的基础上更好地完成当前任务，达到预期的管理目的。

加大应收账款管理力度。经过调查可以得知，很多企业在财务管理中未能实现应收账款的合理管理，引发坏账等问题，导致企业出现严重的经济损失。因此，企业财务管理部门需树立正确的应收账款管理观念，以此提升企业经济实力，增强扩大销售能力。在应收账款管理中，应预防坏账问题，减少经济损失，进而提升企业的经济效益。财务管理人员需与各个部门之间进行合作与沟通，结合企业实际经营情况创建信用管理机制，在全面调查合作企业信用情况与信誉度的基础上，进行应收账款的针对性管理，加大结算与回收等工作的分析力度，同时可以使用合同管理方式开展工作，一旦出现超额逾期账款就要增加利息，使用利息制约的方式强制性的回收账款。且在应收账款管理的过程中，企业财务管理机构需树立正确观念，创新管理工作方式与方法，建立现代化与多元化的管控体系，在先进管理方式的支持下，进而促进企业的良好发展。且在财务资金管理的过程中，需总结丰富的经验，创建合理的资金管控体系，并针对资金管理工作内容进行合理的分析与研究，在保证整体管理工作效果的情况下，更好地完成当前工作任务，协调各方面工作之间的关系。

预防财务风险问题。企业财务管理部门应预防风险问题，创建风险的防范与控制系统，定期编制分析报告，评价财务管理情况，及时发现风险问题，采取科学合理的措施解决问题。在风险管控中，应针对企业资产收益情况进行动态化的监督，获取资产销售率数据信息、现金流入比率数据信息等，针对性地进行管理，统一财务指标，预防风险问题。

财务管理在企业中具有重要地位，在新时期发展背景之下，企业要想在市场环境中提升自身的核心竞争能力，就要通过财务管理方式合理的提升自身经济效益，在财务分析、风险预防等工作的支持下，加大资金管理力度，促进企业的长远发展与进步。同时应广泛应用现代化的管理手段，进而提高企业财务管理水平，降低财务风险，为企业做大做强保驾护航。

第五节　市场经济下企业财务管理的强化

市场经济的迅速发展下，企业的日常生产经营中，财务管理的地位日益凸显，也涉及更为广泛的方面。优胜劣汰是如今市场经济的最大特点，一个企业的相关财务管理制度如果缺乏健全性，那么这一企业便无法在日益激烈的市场竞争中得以生存，无法得到可持续发展。由此可见，企业财务管理水平的提高是保证企业健康发展的重要因素。本节从市场经济条件下企业财务管理的重要性出发，指出当前条件下企业财务管理存在的问题，并提出相应的强化管理策略。

市场经济条件下，我国社会经济得到了迅速地发展，企业之间的竞争也愈演愈烈。企业之间的竞争从本质上来讲就是经济实力的比拼。企业经济建设中，财务管理占据着重要的地位，是资金管理的关键。只有确保企业财务管理工作的合理性，才能够有效地提高资金的利用率，减少资金的浪费。近些年来，我国经济已经进入了迅速发展的新时期，只有能够适应的企业才能够在激烈的市场竞争中获得生存和发展的升级。企业要想在激烈的竞争中得到发展，就需要实现规模经营，提高财务工作的有效性，保证资金链条的完整性。

一、市场经济条件下财务管理的重要性

为适应市场经济的发展，企业需要从整体上提高其建设的水平，首先需要对企业发展中财务管理重要性的认识和了解。有效的内部管理建设是企业科学发展的根本，企业管理中财务管理占据着重要地位，贯穿于整个企业的经济活动中。同时财务管理不仅是企业财务监督、有效监督以及经济核算的重点，而且对企业的经营发展有着十分重要的意义，同时其决策作用占据重要地位，从而有利于对资金的合理运用和分配。首先财务管理有利于破产风险的降低。企业破产的可能性有所降低，便能够得到稳定的、长期的可持续发展。其次，财务管理有利于企业的可持续发展。企业需要通过有效的财务管理为企业发展筹集所需的资金。激烈的市场竞争中，一个企业唯有顺应市场的发展提高产品即服务的质量，从而扩大市场份额，进而才能实现可持续发展。最后有效的财务管理能够为企业创造更大的经济效益。企业财务管理的特点主要表现在两个方面：第一，金融市场的迅速形成丰富了财务管理的内容。第二，我国的企业财务管理缺乏完善的资金投资、筹集以及分配，这些难以单纯地依靠财务部门完成，需要各部门的相互配合。

二、市场经济下企业财务管理存在的问题

（一）财务管理意识淡薄，缺乏创新性

就当前我国企业的经营状况而言，具有较大资产规模的集团企业并不够强大，面对经济市场上的风险，缺乏强有力的抵抗能力，再加上不够健全的财务制度体系，复杂多变的国家宏观经济环境以及体制，从而使其违背了市场经济发展的要求。企业市场的经济环境以及制度的支持，为企业的可持续健康发展提供了保障，随着我国不断迅速发展的市场经济，财务管理成了企业微观管理的一个重要部分。

我国不少企业的管理层并没有认识到财务管理的重要性，许多财务部门的管理者以及工作人员需要进一步地提高专业能力。管理者自身落后的经济观念影响下，企业的资金管理和分配无法得到协调，带来了一定的财务风险。此外，不少企业只注重于赢利的目的，缺乏对财务管理及其在内外环境影响下的关注。一味地追求最大化的利益而缺乏长期眼光，企业的根基受到影响，无法形成发展的观念和战略，企业的投资风险进一步增强，发展受到限制。

（二）缺乏健全的财务控制体系

企业财务管控体系的不健全，也是财务管理产生问题的一个重要原因，具体表现在五个方面：第一，缺乏健全完善的财务控制制度，管理的前提是制度，企业一旦缺少了制度的保障，管理则成了空谈。不少企业尽管有着较为健全、完善的财务控制制度，但是仅仅存在于形式之中，并没有有效地去执行，同样无法对财务管理进行妥善的处理。第二，未认识到成本管理的重要性。过高的企业成本，使得开支范围缺乏统一性，核算体系缺乏规范性，成本控制缺乏长期性，从而带来了较高的成本，不利于企业提高经济效益，同时也不利于企业健康可持续发展。第三是过度的财务分权。大多数集团公司过度地对财务管理的权利进行分发，导致无法有效地控制所属企业，导致财务管理的混乱。第四是缺乏科学的财务预算，财务监控失调。第五是企业的财务约束和激励效率不高。

（三）缺乏高力度管理工作，财务信息质量过低

企业财务信息的质量与其财务管理工作息息相关，企业财务管理工作的强化，有利于企业财务会计信息质量的提升。企业财务信息有着十分重要的意义：一方面财务信息是对企业经济活动的真实反映，做出正确合理的经济决策；另一方面，企业财务信息的真实性有利于国家以此为基础对宏观政策进行制定和调整，有利于企业经济政策的宏观调控，促进市场经济的发展。如今大多数企业缺乏较高质量的财务会计信息。主要原因在于：企业管理者缺乏强烈的财务管理意识，未及时更新财务管理理念，缺乏扎实的会计基础，无法及时地将财务会计信息进行传递，财务人员素质较低，财务会计信息不符合企业集团的要求，缺乏强有力的财务管理工作力度。

（四）缺乏强烈的风险意识

企业的财务风险对企业的发展以及稳定有着十分深刻的影响。企业只有不断地强化财务管理控制，避免企业出现经营及投资风险，才能够在社会上获得生存和发展的机会。然而当前不少企业缺乏强烈的风险意识，没有认识到财务风险对企业发展的危害性。此外，无法及有效地对资金进行分配和使用，导致了资金链的断裂。未将财务管理正确的运用在风险投资及生产经营中，缺乏科学的投资和生产评价。

三、市场经济条件下强化企业财务管理的有效策略

（一）创新企业财务管理观念

市场经济条件下，企业的财务管理平台范围不断地扩大，我国企业转变财务管理的观念也面临着双重压力，不仅需要对市场经济的财务理念进行完善，还需要使其适应市场经济的新时代的发展。

树立全球化的财务管理观念。贸易国际化的形势下，企业财务必然迎来全球化的发展，在世界贸易组织这个大国际环境中，企业的财务必须要跟随其发展步伐。

强化风险防范观念。企业的生产经营活动中，必然面临着一系列的财务风险。随着知识经济的到来和发展，经济活动也必然迅速的走向网络化和虚拟化，信息的传播速度、处理以及反馈速度也将迅速增加。此时企业如果无法及时、完整地对内外部信息进行搜集并加以有效地运用，将会带来更大的决策风险；利益的诱惑下，企业的资产也大量的投放于科技创新和无形资产中，进一步增加了风险。为此企业财务需要强化对风险的估计和评价，对投资项目进行科学预测，提高决策的有效性。

强化人本观念。知识经济中，人才是强国之本，现代企业管理也需要尊重人本观念。应该以此为现代财务管理发展的基本趋势，在此基础上对财务管理模式及理论进行创新，对利益相关者之间的财务关系进行协调。

（二）建立健全完善的企业财务管理制度

正所谓"无规矩不成方圆"，无论任何事情，要想妥善地解决，都需要一个健全完善的制度体系为保证。随着全面市场经济的迅速发展，企业的财务管理工作也需要在完善的制度体系下进行。

从整体上来看，企业需要制定正规的财务机制，确定财务管理方式，明确企业资金的管理方向，保证财务部门的独立性，强化管理岗位制度，保证奖惩分明，管理科学。为此企业在做出财务决定前需要对市场的状况进行具体的调查研究，从而确保科学性的财务决策，进一步提高企业财务管理的水平，进而提升对企业资金的利用效率。

（三）强化企业财务基础工作

企业财务基础工作对整个财务工作的质量有着一定的影响，为此企业需要认识到财务基础工作进一步强化的重要意义。企业首先要规范财务基础工作，其次做到责任分明，不相容职务，形成相互制衡机制。从而进一步对会计事项的审批、经办人员、财务保管人员、记账人员的职责权限进行明确，做到不相容职务的分离以及权责的相互制约。

（四）增强企业风险意识

企业在对资金运用进行规划，做出投资决策时，财务管理者，需要对资金运行的风险进行评估，投资方向以及发展方向需要在企业的管理层和财务管理部门共同的配合下确定。作为企业的财务管理部门，有责任对企业的风险做出专业性的评估，以此进一步降低企业发展的风险，保证企业的投资决策具有强有力的、科学的依据。强化对固定资产以及流动资产的评估，对效益不高的或者是经营中出现亏损的资产进行相应的处理或者清算，从整体上促进企业资金使用效率的提高。另外作为企业的领导者需要转变思想观念，抛弃企业流动资产越来越多的思想观念，应该适当的增加企业的固定资产，使之与流动资产相互配合，进而促进企业的进一步发展。

总之，市场经济的形势下，企业要想得到更为迅速的发展，就需要进一步的强化其财务管理。然而市场经济条件下，我国企业的财务管理也面临着更大的挑战，存在着一系列的问题，需要企业在分析了解其问题的基础上，采取相应的强化措施。完善的财务管理制度，是市场经济环境下企业发展的必经之路。根据当前我国目前的会计制度，需要不断地推行新的会计准则，确保企业具有规范的会计核算，提高会计的业务工作水平。面对当前市场经济环境下企业财务管理存在的问题，企业只有转变财务管理观念，建立健全企业财务管理制度，做好企业基础财务工作，强化管理者以及财务管理人员的财务风险意识，完善财务管理机构，不断地提高财务管理人员的综合素质，实现企业财务与业务的一体化，才能保证企业在激烈的市场竞争中占据一席之地，实现可持续健康地发展。

第六节　知识经济与企业财务管理创新

财务管理是一个企业的灵魂，是企业管理中最重要的部分，也是一个企业赖以生存和发展的基础。它贯穿于企业经营的各个环节，包括了投资预算等这些重要的环节。财务管理创新是指一个企业进行了量的积累之后，在分析了周围变动的因素之后，促进它实现质的变化。这个交替的过程也是企业财务管理进行创新和进步的过程，财务管理创新是知识经济的背景下的要求，同时也是经济全球化发展必然要求。

在知识经济的大背景下，知识经济已经对财务管理产生了巨大的影响。传统的财务管理已经跟不上现代时代的发展，这个也是现代财务管理的必须要经过的一个过程。

一、知识经济对企业生产经营管理的影响

（一）企业资金管理的形态企业资产形态的变化。

在传统的工业经济中想要实现发展，就要进行大量的资金投入和引进一些设备，这些通常要花费很多的资金。这些资金在企业的总资产中有着很多方面的优势。而一些类似于知识，智力财富等无形资产的投入，这些不可衡量的财富在企业的运行中起着决定性的作用。在现代的发展中，一些无形的财富已经在一个企业的总的资产比重中占很大的一个部分了。根据相关的测算，美国在 1995 年无形的资产就已经达到了一半甚至一半多了。这些比重的变化也一定会引发企业资金管理的变化和企业价值观的变化。

（二）企业主要竞争力发生改变

在一些典型的工业形态中，想要有大的市场占有率或是想要在市场中站住脚，就要进行投入成本，并在市场的变化中有自己的利润能够维持实力在更为激烈的竞争中，这也是他们维持市场现状的重点。此外，企业往往通过投入实际的物质财富来作为成本，通过对一些固定的资金来在市场中进行投入，从而进行扩大财务的规模，以此来增加自己的财务收入，从而在激烈的竞争中获得更多的竞争优势和成本。不过随着经济的迅速发展，高的市场份额和高产出只是企业在竞争中的外在表现。从另一个方面来看，企业的根本竞争力应该来源于它的知识内涵和对社会知识的一种整合。企业积累的社会知识越多，它的竞争

力就越高，就越能够进行转换为利益，从而对促进企业长久的发展有着很重要的意义。

（三）企业经营模式发生变化

一些社会知识的投入，使一些网络的发展或者是信息技术的变化让企业的经营变得更加无形化，一些知识的重要性变得更加明显。企业也开始把一些投资的资金转换为投资资源和知识的开发和利用，这些作为一个新的领悟，对仅仅是依靠于经验进行决策的企业转换为用资金进行决策。企业的投资行为慢慢地变得更加具有知识化和更加理智化，对于决策的是否具有知识作为后台也成为决策是否正确的标准之一。

二、知识经济下的企业财务管理创新策略

（一）企业要积极地转变理财的理念

知识经济被人们广泛了解的原因是由于它使创造企业主要财富的因素，从具体可触的物质财富变成知识财富。这些都恰恰说明了企业的理财行为不仅仅要看着物质的财富和金融行情的变化，还要转变自己的头脑，创新自己的知识结构。首先要关注到知识是现在最重要的东西，只有了解了资本的具体来源和一些表现的形式，才能够把握住先机。其次，还要认识到知识的资本，尽管是没有形状的，不过它可以创造出巨大的财富，也是企业财富的一个重要的部分。最后，要想利用知识资本这一个重要的财富，就要重视它，促进它的丰富和促进它的增长。

（二）企业要增加培训，提高人员的专业素质

一些关于知识资本的知识具有很强的专业性和技术性，它是最新出来的知识问题，所以它还具有很强的超前性。它是确保企业总资本在市场的竞争中保持实力的一个重要的部分。这一点，一些传统的企业是不能够很快地接受的，在这种情况下面，就必须要进行培训，从而提高有关人员的提升，从而很好地进行适应。首先要提高财务人员的理论知识的监督，给他们宽松的资金。还要用最新的教学方式和网络系统供他们学习。面对不停变化的市场经济情况和多变的金融活动，财务人员必须保持清醒的头脑，面对当前不停变化的市场，从而进行梳理理财的环境，从而对企业的具体运行和收入资本的性质或者是范围进行评估，从而了解企业所面临的风险。此外，在积累知识的过程中，还要根据它发展的具体形态和方法进行分析，最后使用融资的工具或者理论进行风险的评估。

（三）开展相关知识和个案的研究。

从我国的经济发展水平来看，一些企业的产品结构正在呈一个上升的阶段，虽然短时间内不会有很多的企业转换成知识性的企业，不过如今的上升比重已经说明了企业进行转型只会是一个必然的趋势。如何将企业转换成知识性的企业，这一问题还没有得到很好的解决，只有多增加经验和实践，才能够促进这一问题的解决。首先，要多研究一些企业的计量方法，寻找和实践一些具体运行的办法。其次还要进行正确的计量方法，确定证券化

的具体形式和进行评估的方式。最后还要多进行个案的分析，最终进行方案的制订。

（四）企业要重视知识产权法

在一些传统的企业财务管理中，有一部分的理论知识，具体的财富并不能实现管理。随着社会的发展，这一部分的知识可以成为企业经营的一个重要的部分，它所涉及的知识产权法已经成为企业是否增值的关键部分，也是企业财务能否实现成功的重要部分。所以，在进行知识资本和具体的财富进行组合的管理中，要学习相关的知识产权知识，在进行操作，从而最终保证企业财务的管理，实现利润的增长。

总而言之，想要在知识经济的背景下还能够保持自己的竞争力，抓住发展的主要趋势，就要进行财务管理创新。要加强培训和个例分析，从而能够灵活的运用。还要多多地进行积累，善于发现，才能够进行创新，产生事半功倍的效果，进而促进企业和社会的发展。

第六章 企业金融变革管理

第一节 现代企业金融变革管理研究

目前，现代企业在市场中所面临的竞争是全方位的，在这一前提下越来越多的企业开始倾向于进行金融管理来获得更多的竞争优势和发展潜力。因此，对于现代企业的金融管理进行分析与研究就有着重要的意义。

一、现代企业金融管理内容与意义分析

现代企业金融管理内容与意义包括了诸多内容，以下从促进企业经济发展、适应市场环境变化、合理利用企业资源等方面出发，对于现代企业金融管理内容与意义进行了分析。

（一）促进企业经济发展

现代企业金融管理能够有效地促进企业经济得到发展。众所周知，金融作为现代经济发展的重要发动机，在企业经济发展的过程中一直起着至关重要的作用。甚至可以说金融是整个市场经济的一个循环系统，并且金融系统本身也在不断地推动着社会经济的增长。在这一前提下是否能够将金融资源充分地利用起来则是直接的关系到整个企业的生存和发展的重要问题。与此同时，由于企业金融管理中的各项活动都直接关系到企业的经营，因此，这也说明了在企业经营管理中把握住金融管理所起到相当重要的作用。

（二）适应市场环境变化

现代企业金融管理可以起到促进企业适应市场环境变化的作用。企业在市场竞争过程中只有通过不断的调节和变革企业自身的组织结构，才能够在此基础上更好地适应外部大环境的不断变化。从而最终能够有效地达到"适者生存"的目的。其次，企业在市场竞争过程中能否顺利的把握好企业的金融管理实际上会关系整个企业的发展前景和市场竞争力，同时也是一个企业能否取得长足发展的重中之重。与此同时，在企业的经营管理中金融管理能够让企业在拥有一定的资金做支撑的前提下更好地获取自由资金、银行借贷和金融市场融资，进而最终能够让企业以不变应万变，在市场发展中具有更强的主动性。

（二）合理利用企业资源

现代企业金融管理对于提升企业资源利用合理性有着很大的帮助。通常而言，在现代我国的市场经济中，企业想要正常进行经营运转则需要金融活动来做保障。在这一前提下企业是否能够维持生产经营活动的有序进行，则需要企业自身对外部市场大环境的把握和判断。其次，企业在合理利用资源的过程中还应当通过企业自身的努力来做好金融管理工作，最终能够起到让金融活动为企业保驾护航，从而不断促进企业经营管理的可持续性发展作用。

二、现代企业金融管理工作要点

现代企业金融管理的工作要点有很多，以下从成立专门的管理团队、完善预算编制工作、增强信息化管理水平等方面出发，对于现代企业金融管理工作的要点进行了分析。

（一）成立专门的管理团队

现代企业金融管理的第一步就是成立专门的管理团队。企业在成立专门的管理团队的过程中，首先应当针对企业在金融管理中存在的问题来迅速地成立其专门的金融管理部门，然后在这一过程中通过吸收专业金融管理人才对企业金融进行管理。其次，企业在成立专门的管理团队的过程中应当进一步的明确分工和责任，从而能够在此基础上对于企业资金流动、借贷情况等进行专业管理，并且能够在此基础上有效地促进企业内部其他工作的顺利展开。与此同时，企业在成立专门的管理团队的过程中还应当着眼于解决改善企业金融管理中存在的问题，并且在这一过程汇总实行合理有效的信用评定政策，从而能够建立起更加规范化预算编制体制，进而促使企业得到更好的发展。

（二）完善预算编制工作

现代企业金融管理需要进一步的完善企业的预算编制工作。企业在完善预算编制工作的过程中应当着眼于对于企业运营中产生的资本，财务等制定合理可行的计划和方案，并且在此基础上严格地根据预算编制进行经营活动，从而能够对于预算编制进行监督与考核。其次，企业在完善预算编制工作的过程中应当持续的规范企业预算编制，从而能够更好地完成企业信用评定等级评定。与此同时，企业在完善预算编制工作的过程中应当对于企业的资金周转情况和企业效益等有一个信用评定，这本身是企业之间合作的前提，与此同时也是对企业经营安全的重要保障之一，最终能够有效地降低企业金融风险并且可以减少企业运营过程中的不必要的资金流失。

（三）增强信息化管理水平

现代企业金融管理离不开信息化技术的有效支持。企业在增强信息化管理水平的过程中应当深刻的了解到信息就是财富这一金融系统的客观规律，并且以此为前提来在企业内部建立完善的金融管理信息系统。其次，企业在增强信息化管理水平的过程中应当进一步的提高金融管理工作效率，从而能够在此次基础上更加有效的预知金融风险，进而为企业经营发展做好安全保障工作并且显著的提高综合竞争力。

企业金融管理工作不仅仅可以有效地减少企业融资风险的存在，还能够对于企业的健康稳定发展起到助力。因此，我国的企业需要在未来更长一段时间内对于自身的金融管理机制进行完善，进而才能够期待获得更好地发展。

第二节　企业金融变革管理发展研究

随着经济的飞速发展，各行各业都逐渐崭露头角。在金融管理的辅助下，金融行业的发展得到了前所未有的提高，然而也带来了一系列棘手的问题，而问题的大量出现必然引发重视。相较于其他行业而言，金融行业历年来的发展并不够凸显。这是因为金融行业的发展不够满足市场的最大需求，人才的缺乏又不够满足金融行业发展的需求。因此，目前看来，重中之重是要全面重视对于人才的发展和培养。只有提高对于人才的储存，才能全面实施对于金融行业的可持续发展。

一、发展金融管理的必要性

在经济全球化的影响下，我国金融行业的发展愈加迅速，快得让人根本无法忽略发展金融管理的重要性，要想加快经济的发展速度，致力于金融管理是尤其重要的。要想发展经济，首要就需要科学的指导，尤其是先进的指导，促使金融更好更快得发展。其次，我们也要坚信经济发展离不开金融管理，健全经济管理制度的同时寻求更为广阔的发展空间，才能取得更好地适应经济全球化。

（一）我国金融管理现状

我国正处于由计划经济向市场经济转型的时期，各种生产要素机器配置还跟不上市场的快速发展，部分经济体的金融管理也已经不能适应其经济发展的要求。从长远角度来看，经济的快速增长必须以金融管理模式的提高作为前提，传统的管理模式已经出现了严重的滞后，无法促进经济的快速发展，同时也无法从根本上突出经济发展的特点。

（二）金融管理行业对经济全球化的重要影响

科技和时代的飞速发展引起了市场对全球化的重视。在全球化的背景下，世界经济为最频繁的市场经济交流方式。经济的快速发展除了带来丰富的资源和投资机会，相应的问题也会随之产生。站在利益的角度的投资者，寻求的是自身利益最大化，但就是因为单纯站在利益的角度看问题，所以往往会忽略市场分析问题，对于金融行业管理方面的问题多趋于盲目，这些行为直接冲击了金融市场的发展。金融管理的重要性在此显现，它的合理性影响了整个金融行业的安定。只有不断加大金融管理的力度，才能保障金融行业的快速发展。

二、如何完善金融管理

金融管理目前存在的最大问题是发展速度缓慢，还未足够引起市场的重视，使得它自身的发展速度跟不上经济的发展。并且，金融管理对整个行业以及世界经济有着举足轻重的影响。因此，我们必须坚持金融管理的可持续发展策略，稳定金融管理在经济行业中的重要作用。具体的解决问题措施及要求如下：

（一）摒弃传统金融管理观念

目前为止，大部分企业实行的仍是传统的企业管理制度，这种保守的管理方式无法使企业在激烈的竞争中脱颖而出，获得利益。而对于企业管理者来说，这无疑是一次巨大而艰难的创新挑战。管理者要善于利用发展的眼光去看待问题，不为眼前的一点蝇头小利而止步不前。①管理者需要组建专门的管理小组来治理部门。②要根据自身实际情况，结合国外企业的具体事例，引进一些适合企业的管理方法。进而这样才能从根本上实现管理制度的可持续发展。

（二）利用法律保护金融管理行业

金融管理的重要地位显而易见，但还是要积极主动遵循客观事实情况，将法律防护放在工作大前提的位置。法律在任何时候

的监管和保护方面都起到至关重要的作用，有了法律的维系可以更好地进行企业的金融管理工作，避免了法律知识缺乏或者监管不够导致的不利因素的出现。只有法律系统完善了才能最大程度加强对于金融管理的监督防控能力。法律对于金融管理方面的监管主要分为民间金融管理的法制化、地方金融秩序的维护、金融风险的防范、地方金融的安全防范以及地方金融改革和发展的大力促进。总而言之，完善法律监督体制可以保障金融管理的全面快速发展，进而促进金融管理方面的快速有效进行。

三、制定和实施严格的金融管理制度

何为金融管理体制，他指的是可以规范为从事货币流通以及银行信用有价证券买卖等一系列相关金融活动的机构方面的设置、权限的不同程度划分、管理方法、隶属关系等各个方面的体系和制度的总体称呼，其中包括：金融组织、信贷管理、货币管理、保险制度和金融市场制度体系等。管理金融市场和防范金融风险的第一道关口是市场准入，必须致力于各种金融工具或者交易机构等的注册，包括审批或者交易的资格都需要进行严格的审核审查，如若发现不合格的产品均不允许流入金融市场。

四、培养和引进先进人才

金融管理专业的培养目标在于注重培养人。这句话很好地诠释人才对于金融管理的重

要性。而我国目前金融行业的人才并不充足，这一点我们不能忽视。

①加强相关培训。对于已在职的金融管理人才我们需要不断加强其自身素质的提高，进行定期培训。由于在职人员本身已经积累了许多实践经验，再加之理论知识的强化，对未来的工作一定能起到巨大的帮助。②引进优秀人才。企业不能报以"退而求其次"的想法，由于招不到优秀人才而降低了招聘要求，这对于企业的长远发展来说并没有利益可言。而优秀的金融管理人才，可以在各方面帮助公司得到提升，并与公司共同进步。

科学的管理制度是金融管理发展的重中之重，保障法律制度的健全，加强现有经济模式的管理，才能更好更快得加强经济的管理模式并且加快现阶段的管理模式发展。另一方面，需要致力于对于金融行业的监督执法力度，以发展人才市场为基，全方位培养创新人才，从而实现管理者的最大程度高水平管理。兼具法律监督和人才创新，并附以对于金融管理提高的重视，最终完善巩固并推动整个金融管理产业的发展。

第三节　互联网企业金融变革风险管理

互联网金融是指传统金融机构与互联网企业利用互联网技术和信息通信技术实现支付、资金流通、投资等新的金融服务方式。中国互联网金融是伴随着互联网的发展而发展起来的，互联网金融的不断发展，电子商务的发展给人们的生活方式带来了极大的改变，给社会和经济都带来了极大的影响，然而与此同时，互联网金融的发展中也伴随着许多风险，要想使互联网金融健康、有序地发展，就需要对风险进行有效的管理和控制。

一、互联网金融风险

互联网金融的开展，主要依托于互联网技术，而互联网运行的本身也存在诸多风险因素，由此对于互联网金融也造成了一定的影响。要想做好互联网金融风险管理工作，首先要对互联网金融风险进行分析。

（一）系统的风险

伴随着互联网的发展，互联网金融逐渐产生、发展和成熟，故此计算机系统硬件和软件的配置是十分重要的，而与此同时，这些硬件和软件设备存在的风险也极大地威胁着互联网金融。系统风险是计算机的主要风险之一，计算机系统终端设备的软硬件在使用过程中很容易受到外界因素的干扰，产生极高的系统风险。然而在互联网的金融发展过程中，需要建设互联网金融平台与外界的网络进行连接和互动，所以在这个过程中，系统极有可能受到入侵或其他风险，对于整个互联网体系都会产生影响，进而影响到网络金融的安全性。

（二）市场选择风险

在互联网金融的发展中，互联网金融市场的选择也存在很大的风险，存在很严重的信息不对称现象，主要是由于互联网金融在发展存在一定的虚拟性，互联网金融交易的双方为了降低信息泄漏的风险，都在掩藏自己的真实信息，加上互联网金融本身具有的极高虚拟性，网上银行为了发展，尽量降低成本，这对于整个互联网金融来说都十分不利。

（三）法制方面的风险

我国的互联网金融发展十分迅速，然而作为新兴事物，互联网金融还非常年轻，导致我国法律对其监管的力度并不充分，相关法律制度不健全，目前我国的互联网金融领域的法律风险，主要分为内部风险和外部风险。内部风险主要是指网络金融的主体部门违反法律规定，工作人员泄露用户信息，或者刻意隐瞒理财产品的风险等行为；外部风险主要是指网络借贷和安全支付环境等方面的法律建设空白区。而且随着我国互联网金融的不断发展，在法律方面存在的风险也只会越来越多，这对于我国的互联网金融领域发展十分不利。

（四）资金风险

互联网金融发展中，经济活动更多的是依托互联网进行的，因此在进行经济活动时，网络的虚拟性对其影响十分巨大，尤其是电子商务的发展，经济活动的双方都会使用虚拟信息进行经济活动和往来，于是在互联网金融活动中，网络上的信息虚假问题频出，这就使得经济活动中交易的双方在信息的真实性方面都存在问题。利用虚拟信息进行的经济活动，会给交易的双方都带来比较大的风险，一旦出现了问题，凭借虚拟信息难以进行资金回收，带来比较严重的资金安全问题。

（五）信誉风险

信誉风险就是互联网经济的双方没有按照规定的时间履行金融业务要求而导致的风险。互联网金融的发展虽然给经济领域发展带来了积极的作用，但因其自身的虚拟性，也使其存在着较大的信誉风险，很多的互联网金融企业，在向银行申请贷款或者签订合同时，经常会使用虚拟的用户名，这给企业带来了比较严重的信誉风险。此外，互联网金融领域的发展，受到金融领域的影响较大，很容易出现波动，很多的金融企业在其中会出现严重的亏损，难以按时履行自己应尽的义务，这对于金融企业来说就会遭受信誉损失，影响自身发展。

二、互联网金融风险管理措施

当前，互联网技术发展迅速，由此也在很大程度上促进了互联网金融的发展，同时互联网金融所遭受的风险也越来越大，越来越多，要想促进互联网金融的稳定进步，就必须采取有效的风险管理措施，从而确保互联网金融的安全性。

（一）加强重视

当下作为我国经济的重要组成部分，互联网金融对我国市场经济尤其是金融经济影响巨大。要想规避互联网金融的风险、发挥其积极作用，就需要对互联网金融有更加充分的认识。互联网金融相关企业应当积极开展相关的知识培训和学习，以提高对互联网经济的认识，做好相应的风险预防工作，强化风险宣传，从而提高整个企业所有员工的风险意识。

（二）健全市场准入机制

互联网金融的风险，究其原因还是互联网本身所引发的，要强化其风险管理，首先要健全互联网金融市场的准入机制。要对互联网金融企业制定一定的标准，要求具备一定规模的网络设施，对互联网金融的核心技术有了解，内部的管理体系健全，并能够制定严谨的交易流程，确保企业能在互联网金融平台上，为用户提供安全可靠和高效的服务，能够满足用户的需求，还能保障用户资料的保密性。

（三）加强网络安全建设

当今互联网的粗放发展态势下，其安全性关乎整个互联网和金融行业的安全，若要对互联网的风险进行规避，就必须对金融行业的互联网安全进行严格监督和标准化建设，使用安全性能比较高的网络系统，应用先进的网络安全技术，对网络系统进行全方面地扫描和监测，及时发现漏洞和修补漏洞，将网络安全相关工作落到实处，为互联网金融的健康快速发展提供技术保障，避免网络系统安全问题的出现。

（四）健全风险管理体系

想要防范互联网金融发展的风险，就需要健全互联网金融领域的风险管理体系，将互联网金融的风险管理工作，纳入互联网金融企业的日常管理工作中，建立日常的风险管理体制，对于互联网金融领域的发展动向实施观测，了解市场的变化和政策的改变，认真强化互联网金融风险测评，对存在安全隐患的地方做到及时规避，降低互联网金融领域发展的风险。对于风险管理体系的构建，应当是一个持续的过程，以实现在互联网金融发展的过程中，对所出现的问题进行持续的改善和制度完善，从而保证互联网金融的稳定发展。

（五）健全信用评价体系

在互联网金融中，信用风险是尤为突出的问题之一，故此要把控好相关企业的信用评级，完善行业的信用体系，完善互联网金融市场主体的信用评估，加快网络实名制的建设，在进行信用评价时，可以适当利用互联网上的企业信息，对互联网金融企业的信誉度进行更加全面的了解，防止发生信誉风险。

（六）完善互联网金融领域的法律建设

要做好互联网金融的风险规避，仅靠相关企业自己的制度建设是远远不够的，还需相关国家部门完善金融立法工作，将互联网金融纳入法律监管体系当中，健全和完善相关的法律法规，进而为互联网金融的健康发展营造良好的环境氛围。现在的互联网金融领域犯罪行为越来越多，国家需要加强对互联网金融领域的监管，及时做好政策建设和监管。

（七）培养互联网金融领域的专业人才

互联网金融企业想要进行高效的互联网金融风险防范工作，我们需要培养出专门的互联网金融领域的人才，进行互联网金融风险防范工作，进而加强互联网金融专业人才的培养。目前我国的互联网金融领域，相关的风险防范，专业人才十分匮乏，大部分的相关人员，对于互联网金融领域的知识并不高，也缺乏相关的风险防范意识，风险防范能力，因此互联网金融企业需要加强员工的风险意识，提高风险防范的专业能力，使其具备互联网风险防范能力。

我国的互联网技术发展，促进互联网金融领域的发展，尽管其给我的社会经济带来了积极的影响，但同时，互联网金融领域的风险问题也随时威胁着人们，所以想要促进互联网金融领域的发展，就需要做好互联网金融风险防范措施。在未来的发展过程中，我们应当加强对于互联网金融风险的分析和研究，并积极采取有效措施进行风险预防，以将其对互联网金融风险发展造成的影响降到最小，同时也促进互联网金融发展水平的提升，为我国的国民经济发展提供更多动力支持。

第四节　企业金融控股公司变革管理

目前，金融控股公司（简称金控公司）已经成为中国金融业发展的一种重要组织形式。一般情况下，金控公司是以股权为纽带，通过在银行、寿险、财险、证券、基金、信托、金融租赁、资产管理、担保，以及财务和自保公司等各类金融企业中参股，并至少控股两个以上此类企业，持有多元化金融牌照的公司。由于中国实施分业经营、分业监管，各类企业由不同的监管机构或者监管机构内部不同的部门实施监管，且业务性质和风险程度存在较大的差异，因此金控公司如何对其所持股的金融企业实施有效管理，并能满足各行业的监管要求，弥合企业文化差异，建立风险平衡的经营管理机制和运行机制，从而形成经营管理的合力，提升公司价值，值得研究和探讨。

一、金控公司管理的主要内容

金控公司的特点在于以股权为纽带实施金融多元化经营，包含3个层面的含义：一是金控公司对所属企业的管理应突出股权关系，通过建立完善的法人治理结构实施管理；二是所属金融企业分属不同的细分金融行业，具有不同的业务特点，面临不同的风险水平，且有各自的监管部门和监管要求，在管理上不宜一刀切，应尊重不同的监管要求和行业特点，建立提升企业积极性的机制和政策；三是设立金控公司的根本目的在于实现不同业务之间的业务协同，建立完善的金融产品服务线，以风险水平管控为核心，采取不同的金融服务方式，提供不同的金融产品，向客户提供全方位、综合性、一体化的金融服务，提升客户黏性，"吃干榨尽"金融产品服务链的利润，实现业务协同效益最大化。因此，金控公司的管理至少应该包括：战略协同、风险管控、业绩考核、信息管理 4 个方面的内容。

（一）战略协同

金控公司管理的着眼点在于金融业务的多元化，以股权为纽带实施股权管理，战略协同是确保金控公司实现设立目标的重要途径，也是金控公司管理的重要内容。战略协同管理的主要任务有以下三个方面。

1. 树立协同理念

金控公司主导的协同理念，需要贯彻到所属各企业的经营战略和产品服务策略中。金控公司派驻各企业的董事会、监事会和高管人员要准确把握这一理念，为客户提供综合化金融服务解决方案。各企业在制定发展战略、管理措施、产品策略时，要充分考虑上下游业务的需求和服务能力，根据金融产品服务价值链思考自身所处的位置，分析上下游企业对产品和服务的需求，并以此为基础制定相应的企业发展目标、发展措施，创新产品设计，丰富金融服务内涵，提升金融服务的价值。

2. 贯彻协同理念

战略协同理念树立之后，还需要落实到具体的产品服务和全体员工的实际行动上。为此，必须建立起有效的激励约束机制、考核机制和配套的管理政策，促进全体员工从自身工作做起，将战略协同的理念融入"血液"。要以服务客户为中心，积极主动地推介金控公司内各企业所能提供的服务，向其他企业或服务团队提供客户需求信息，设计跨产品、跨企业的服务产品并提供给客户，打通金融产品服务链，实施不同风险水平的产品或服务组合，从而满足客户对不同风险管理的需要。

3. 监督协同理念

协同效应是金控公司追求的目标，但所属企业的行业不同、所处位置不同，决定了利益不同，甚至存在利益冲突。这就需要对战略协同理念的贯彻实施情况进行检查和监督，对执行好的团队给予褒扬，对实施不好的团队给予惩戒。还需要加强战略协同理念的培训和宣传贯彻，注重对典型案例的总结和分析，使公司上下、不同企业、不同业务、不同团队能够将战略协同理念放在第一位，在与客户接触、处理业务、设计产品时首先想到自己能为上下游企业或业务做什么，能否加入综合服务团队，能提供什么样的信息。最终以检查监督为手段，进而促进战略协同理念的扎根和提升。

（二）风险管控

金融企业的业务本质就是经营风险，只不过各类金融企业所面临的业务风险水平不同。金控公司就是根据不同业务的风险水平组成的一条风险价值链，并根据不同业务设置风险管控和监管的指标，使各类金融机构满足监管指标的要求。因此，做好经营管理和风险控制是金融企业日常管理工作的重点。

就风险管控而言，关键是要树立风险管理意识，建立风险管理的制度和体系。要牢固树立风险管理意识，在开展业务时，要求员工首先考虑所面临的风险是什么、风险水平如何、是否在公司可控范围之内，是否有相应地降低或规避风险的措施；其次主动地执行公司的风险管理政策和制度，不因各种利益而"绕行"以规避制度；再次主动监督他人或其他部门风险管理制度的执行情况，发现问题及时向公司报告；最后要为加强和完善风险管理建言献策，从而促进公司风险管理制度和政策的持续完善。

建立风险管理制度体系，就是要把风险关进制度的"笼子"，使公司运行始终处于受控状态。这需要建立一套识别风险、计量风险、控制风险的制度体系。在这套体系中，要突出建立良好的风险管控环境。金控公司及其各所属子公司要制定公司的风险偏好水平，并在全公司范围内宣传贯彻，明确各级岗位的风险管理责任，作为开展工作的根本依归。在此基础上，要规范风险识别和计量的程序，利用先进的风险管理工具和技术，较好地识别公司及业务所面临的风险，计量风险水平，并制定明确的管理措施，采用加强内部管理的方式，规避或控制风险，利用市场化手段转移风险。同时，要建立风险稽核和监督检查制度，明确业务部门、风控部门和内审部门的相应职责，健全风险管控的"三道防线"①，将公司的风控管理制度落到实处。

在风险管理体系中，金控公司本部的重要职责包括：推进全公司的风险文化建设，确立反映公司文化的风险偏好；建立风险信息监控管理系统，随时掌握各所属公司和业务的风险信息，实施动态监控，对突破风险管控指标的做法能够及时预警；确保"三道防线"能够较好发挥作用，并对各所属公司的风险管理制度建设和执行情况进行监督检查，进而确保风险受控、在控。

（三）业绩管理

业绩管理是金控公司对所属企业进行管理的重要内容和抓手，也是金控公司进行资本分配的重要依据。通常来说，金控公司本部很少从事金融业务，以利润衡量的公司业绩主要来自所属公司的经营。因此，建立科学、可行的业绩管理与考核体系和薪酬管理制度成为金控公司管理的重要内容之一。

1. 要建立一套业绩考核指标的核定标准体系

对所属公司的业绩管理要实现标准化和程序化，增强核定业绩指标的科学性，减少核定过程中的讨价还价，避免为实现金控公司的年度业绩指标而"鞭打快牛"，以致后来不得不调减预期业绩目标。

2. 要建立依据所属公司业绩实施资本分配的制度体系

资本的逐利性决定了资本总是向高投资回报率的领域流动，这也是金控公司发展的原始驱动力。因此，金控公司必须科学地评估所属公司的业绩及其未来的发展能力，客观评价其业绩水平，遵循资本投资收益递减的原则，将金控公司的资本资源对所属公司进行分配，体现公司发展的能力和潜力，从而实现资本在不同风险水平上的优化配置，提升金控公司资本管理能力和运作能力，提高资本使用效率。

3. 要建立以业绩为核心的业务进入和退出机制

业绩虽然不是衡量业务发展的唯一标准，然而业绩确实体现了公司的发展战略定位和发展能力，对于比较成熟的业务来说更是如此。这就要将公司各条业务线的业绩放到更加广阔的空间和时间维度进行衡量，开拓业务发展前景和业绩提升空间，明确业务在公司战略中的定位，发掘对公司贡献的潜在能力。

4. 要建立以公司业绩为导向的薪酬管理体系

薪酬管理是公司激励约束机制的重要内容，也是体现公司业绩导向的重要途径。所建立的薪酬管理机制必须与业绩挂钩，对所有员工的考核，都要放在统一的业绩指标体系中予以衡量，进而激发员工为实现公司业绩目标多做贡献的积极性和主动性。

（四）信息管理

信息管理是金控公司管理的基础性工作。信息管理的重要性在于，由于金控公司通常并不直接参与所属企业的日常经营管理工作，仅实施股权管理，如果不能获取所属企业足够有效的经营信息，就无法开展风险管控和业绩管理，更无从优化公司的发展战略，实施全公司范围的战略协同。信息管理至少应该包括以下四个方面。

1. 信息系统

无论是信息收集还是信息处理，都需要建立一套完善的信息管理系统，将公司的信息管理全部通过信息系统实现，实现信息收集和信息处理的规范化、程序化、透明化，增强信息处理的科学性和信息反馈的及时性。

2. 信息获取

金控公司要对获取所属公司什么样的信息进行规范，既不要增加所属企业的工作量，又能满足金控公司管理和决策的信息需求，还要厘清公司管理信息与行业监管信息的界限。除了定期财务报告之外，金控公司应该更多地掌握所属企业运营和风险等方面的信息，以便能够及时把控企业的实际运行状况。同时，金控公司应着重收集宏观经济、监管政策、金融行业总体发展趋势及运营状况，以及行业内重点企业、典型企业的信息，以便能够了解所属金融企业在行业中的地位，进而有利于公司总体发展战略的调整和优化。

3. 信息处理

金控公司应该培养一支具有较高综合素质的分析师队伍。由于金控公司不直接参与所属金融企业的实际运营，但需要把握其运营的实际状况，这就需要这支分析师队伍能够将所获取的企业信息与行业信息进行对比分析，提出改进公司经营管理的建议。分析处理的结果必须反映到公司的决策和管理上，以便及时调整经营管理策略，提升公司的运营效率。经金控公司决策后，再以适当的方式传递给所属企业，督促其改进运营和管理，提升公司的整体价值。

4. 信息披露

对于已经在股票市场上市或准备上市的金控公司，还必须处理好公司管理信息、行业监管信息和股票市场公开披露信息之间的关系。特别是要遵守股票交易所关于信息披露的规定，从而把握好信息披露的时机。任何可能影响公司股价变化的信息都必须及时公开披露。

二、金控公司管理的主要难点

前文已述及，金控公司是以股权关系为纽带而设立的，如何将不同业务、不同风险、不同企业的业绩，放在金控公司的统一标准尺度下进行管理和衡量，并处理好经营管理、战略管理和监管管理之间的关系，这些成为金控公司的管理难点。具体表现为：分业经营与统一管理的矛盾、业务协同与企业文化的矛盾、关联交易与市场定价的矛盾、考核标准与薪酬体系的矛盾。

（一）分业经营与统一管理的矛盾

金控公司对所属企业实施统一管理和所属企业分业经营、分业监管是金控公司管理面临的首要矛盾。金控公司的业务涵盖多个细分金融行业，每个细分行业都有各自的监管部门和监管指标。这些所属企业必须保持经营的独立性，根据各自的业务范围开展业务，接受各自监管部门的监管，并满足各项监管指标的要求。但金控公司也有对所属金融企业按统一标准实施管理的客观需要。如何处理好统一管理与分业经营管理之间的矛盾？

首先，金控公司要保证各子企业能够满足行业监管的需要，使其业务开展和经营管理始终遵循监管指标的要求。否则，违反监管要求的企业将被监管部门实施处罚，情节严重的，还可能面临限制公司业务开展，甚至撤销牌照和停业整顿的处罚，这势必会对金控公司产生负面影响。

其次，金控公司对所属企业的管理要遵循其所在行业的业务特点和发展规律，促使所属企业跟上行业发展趋势，提升竞争能力，从而提高市场占有率。

再次，金控公司要用好法人治理结构的功能，不宜直接参与或干预所属企业的日常经营管理，而应通过派出的董事、监事和高管人员，具体落实金控公司的管理要求，促使企业的发展战略与金控公司保持一致。

最后，金控公司特别要加强对所属企业高管人员的管理，对高管人员的选聘要制定科学的机制，要求相关人员能够全面领会金控公司的发展战略以及各子公司的发展定位，并能够积极落实到其所任职公司的管理实践中。

（二）业务协同与企业文化的矛盾

金融企业的文化归根结底就是风险文化，体现在对风险的认知水平和风险承受能力上。不同金融细分行业面临的风险暴露不同，形成了风险承受能力的差异，从而造就了不同的企业文化。

银行的业务主要是吸收公众存款，并将存款以贷款和投资的形式使用，所面临的风险水平相对较低。信托公司几乎能够从事除保险业务之外的所有金融细分行业的业务，其业务的综合性决定了竞争的激烈程度，风险容忍度水平也相对较高。金融租赁业务类似于银行的贷款业务，然而客户多因不能从银行系统获得贷款转而采取融资租赁方式购置资产，客户风险和资产风险并存。担保公司和信用公司实质上从事的是增信业务，满足客户开展融资业务所需的信用水平，提升信用评级，风险水平相对更高。

证券公司为客户提供融资、融券等金融杠杆业务，要面对资本市场的日常波动，宏观经济、财政政策、货币政策等的突然变化，以及上市公司经营状况突变等诸多风险，因此经常在业务协议中明确规定平仓条款。寿险公司和财险公司要经常面对客户基本情况恶化、诚信度不够，以及群体行为和保险标的概率改变等方面的风险，且其收取的保费配置到股市、债市，以及实业等领域，同样面临宏观经济形势和宏观政策变化所导致的风险。基金公司、资产管理公司的业务就是代客理财，必须将所募集的资金进行投资，直接面对各种投资风险和政策变化风险。财务公司和自保公司由于只能从事集团企业内部的业务，客户风险相对可控，通过加强内控制度建设，进而可以保持较低的风险水平。

正是这些业务面临的风险差异，导致了各类金融企业文化的不同：银行的企业文化相对较为保守，信托公司和金融租赁公司的企业文化相对比较积极，保险公司的企业文化一般最为稳健。这将对金控公司所提倡的业务协同产生深刻影响。

金控公司设立的初衷就是要实现金融资源的集中配置和管理，在所属金融企业之间实施业务协同时，必须考虑到不同企业因风险容忍度水平不同而导致的企业文化差异，对所开展的协同业务从整体上科学、合理地划分风险水平段，使之能够适应参与协同企业的风险管理的需求，将业务开展控制在可接受的风险容忍度范围内。在业务开展上，银行可以承接最基础的部分；信托和金融租赁可以承接风险水平相对较高的部分，超出这些企业风险承受能力的，则可以通过担保公司或者信用公司实施增信；保险公司则可以对标的物进行相应的承保，有效规避意外事件所导致的标的物毁损、灭失，以及标的公司经营管理层不诚信、因重大宏观经济政策变化导致利润下降等风险。这样，进而使金控公司主导的业务协同形成风险管理闭合价值链。

（三）关联交易与市场定价的矛盾

金控公司所倡导的业务协同必然产生所属金融企业之间的关联交易，关联交易的定价机制将对业务协同的实际效果产生重要影响。如果关联交易的定价机制不能客观地反映交易的市场价值，合理覆盖交易成本，将大大降低关联方实施交易的积极性，并可能危及金控公司合力的形成。

关联交易的定价一般可采取两种模式：一是市场化的定价模式，但很容易导致所属企业以各种理由不选择内部交易；二是内部转移定价模式，然而定价的基础比较难以确定，结果关联交易各方均认为价格不合理，要求总部在业绩考核时予以调整，这无疑将使总部成为矛盾的焦点。因此，处理好关联交易的定价机制对金控公司而言尤为重要。

对此，金控公司要把握好关联交易原则与管理具体交易行为的关系，从公司整体利益出发，制定实施内部交易的统一原则，规定必须实施内部交易的条件及达成内部交易的基本要求，由关联交易双方自行协商确定交易的具体细节，包括：交易价格、交易模式、交易规模，注重防止可内部交易而实施外部交易的行为。

在具体实施上，可以采取"行政加市场"的方式较为艺术地处理关联交易。所谓行政，就是利用金控公司的管理地位，划定必须实施内部交易的业务，对关联交易的标准、模式、成本控制等做出明确规定：对达到外部服务平均水平的，必须实施内部采购；对达不到外部服务平均水平的，可以外部采购，然而内部服务单位要限期达到市场平均水平，限期满后仍然达不到的，则必须进行业务调整，撤销从事该业务的部门或者重新组建更高水平的团队。所谓市场，就是要充分利用外部市场化服务和价格对内部企业形成提升服务、降低成本的压力，对内部的关联交易根据"服务成本与市场价格孰低"的原则确定交易价格，给予交易双方自行协商和谈判达成交易的自由。

同时，应建立关联交易下的业绩调整考核机制，既可以按照一定的标准对关联交易产生的增量业绩在交易各方间进行分配，又可以按内部交易的次数计量，对积极主动开展关联交易的企业给予业绩考核单项加分，培养各企业牢固树立整体意识和大局观。

（四）考核标准与薪酬体系的矛盾

薪酬体系是业绩考核标准的具体体现和落脚点，二者是有机结合的整体。就金控公司而言，建立统一的考核标准，就要建立统一的薪酬体系，平衡好所属企业之间的关系。但是，统一的考核标准和薪酬体系往往不能反映各企业所处行业的情况，甚至可能与行业薪酬形成较大差异。明显高于行业薪酬的，有利于吸引行业内更加优秀的人才加入，但也可能会付出较高的薪酬成本，使公司的边际收益递减，达不到公司的业绩目标；明显低于行业薪酬的，会造成优秀的人才流失，不利于公司竞争力的提升和发展。

因此，金控公司应处理好考核标准与薪酬体系的矛盾。要体现金控公司的价值导向，引导所属企业向各自所处的行业看齐，而不仅仅向金控公司内部看齐，仅盯住金控公司内部薪酬水平较高的企业。金控公司制定的考核标准和薪酬体系，要充分尊重行业特点导致的薪酬水平差异，坚决摒弃在业绩考核和薪酬体系上"整齐划一"的观念，而应该引导所属企业从所处行业的角度，正确对待薪酬体系和薪酬标准存在的差异。

三、金控公司管理的主要路径

金控公司的管理应该体现公司设立的目标价值，这也是金控公司实施管理的根本诉求。在管控模式和运营机制的设计上，应该反映金控公司所面临的实际情况和问题。通常情况下，金控公司应围绕行使控股股东权利或参股股东权利，设计具体的管控模式，建立能够对所属金融企业施加管理影响的运行机制。金控公司的管理应致力于在所属金融企业建立完善的法人治理结构，保证金控公司能够较好地行使股权权利。同时，以突出法人治理结构和高效运转为突破口，以建立市场导向的业绩考核体系和风险导向的资本分配制度为抓手，促进金融人才的有序流动和优胜劣汰，实现对各金融企业的有效管理，提高其按照金控公司战略发展目标实施自主管理的积极性。

（一）建立完善的法人治理结构

完善的治理结构是金控公司行使股东权利的重要基础。通常来说，金控公司所属企业都具有独立的法人地位，金控公司仅是股东之一。金融监管法规对金融企业的股东资格和最大持股比例都有明确的规定。从长期看，金控公司的股权比例将呈现缩减的趋势，金融企业的股东数量将呈现增加的趋势。当金控公司持有的股权比例降低到一定程度后，金控公司即使保持了第一大股东的地位，也很可能由于金融企业的股权较为分散，而在董／监事会甚至股东大会上不再处于绝对优势地位，必须与其他股东合作，就金融企业的发展战略、董／监事会组成、高管任命、财务预决算、投资、重组并购等重大议案达成共同意见，才能获得通过。因此，金控公司必须未雨绸缪，对所属金融企业的法人治理结构做出全面、细致、明确的规定。

1. 制定尽可能完善的公司章程

公司章程是公司的根本大法，具有公司"宪法"的地位，是所有股东、董／监事会和经营管理层必须遵守的基本规定。公司章程应明确规定，董／监事会的组成及权利、股东大会的权利及议案通过办法，以及经营管理层的产生和聘任等。尤其是要对新股东进入后对董／监事会人数、组成等方面的影响进行细致、清晰的安排，从而尽可能保持金控公司在所属金融企业法人治理结构中的主导地位。

2. 制定尽可能完善的股东（大）会、董／监事会议事规则

这是保证法人治理结构高效运转的重要保障，是处理决策过程产生矛盾的预防性措施。在议事规则中，要根据未来可能的股东变化和股权分散情况，预判可能出现的矛盾和影响议案通过的因素，详细规定议案通过的票数或股权比例。需要特别指出，董／监事会成员和高管人员的提名权是归属董／监事会还是股东，股东（大）会上类似议案的提出权归属，以及董／监事会任期、改选、过渡期安排等，都要有非常清晰的规定。否则，一旦金控公司失去了在董／监事会的主导权，将空有第一大股东的地位，不能较好地保护和行使自己应有的权利。

3. 规范董／监事会的人员组成和提名

在这方面，主要是防止公司高管层控制董／监事会，不能较好地履行委托代理职责，出现内部人控制、损害股东利益的现象。因此，应严格控制进入董／监事会的高管人员数量，对执行董事的选任以及执行董事是否兼任公司高管要有周到的考量，使董／监事会成员能够较为独立地行使权力，维护股东权益。同时，董／监事会中独立董事或独立监事的选聘、提名不应成为董／监事会的权利，避免"董／监事推荐、自选董／监事"而结成利益集团。

4.规范董事会分设委员会的设置和运行

为了保证董事会有效运行，董事会应下设公司战略发展委员会、预决算委员会、薪酬提名委员会、审计委员会和风险管理委员会，各委员会的组成应体现各位董事的专长，并保持委员会运行的独立性。审计委员会应由外部独立董事组成并任主任委员；薪酬提名委员会的组成应体现客观性、公正性的原则，公司现任高管董事或执行董事不应成为该委员会成员；风险管理委员会要切实发挥公司风险管控政策制定者的作用，全面把握公司风险管理大局，独立、客观、准确地判断公司面临的风险，督促公司建立完善的风险管理制度和体系，保证公司风控部门有职有权，并能独立行使权力；公司战略委员会和预决算委员会的主任、委员应由金控公司派出的董事兼任，以确保金控公司的总体发展战略能符合公司的发展理念，从而真实反映公司的经营状况和成果。

（二）建立市场导向的业绩考核体系

金融业务市场化程度高，金控公司对所属金融企业的业绩考核必须坚持市场化的方向和原则，市场化导向的业绩考核体系包含3个层面的含义。

（1）所属企业的业绩必须放到同行业中去衡量和考核。企业不能只和自己的历史业绩比较，而必须与行业中其他企业，特别是具有相似股东背景、企业文化的企业去对比，更要与行业内先进企业比差距，从业务模式、发展驱动力、管控机制、风险管理等多维度查找自身不足，从而制定追赶目标和计划。

（2）金控公司所属企业的薪酬不能进行简单对比，应放到同行业中去衡量，不能简单地说薪酬高低。所属各公司薪酬必须根据其在行业中的排名、该行业的平均薪酬水平，以及与排名相近的公司的薪酬水平进行对比。

（3）所属企业的业绩水平要根据所占用的资本多少、质量进行校正。作为金控公司分配资本资源的主要依据和参照指标，要用净资产收益率或资本报酬率等相对指标去评价企业的业绩，更合理地衡量所属企业的资本运营效率，从而体现资本的逐利性原则。

（三）建立风险导向的资本分配制度

资本是金控公司非常宝贵的稀缺资源，金控公司的资本配置是一个价值创造和价值优化的过程，应建立相应的制度和体系，促使金控公司的资本资源得到有效、高效配置，提升金控公司的整体价值。同时，由于金融业务所独有的风险特征，金控公司的资本配置应充分体现风险因子的影响，使金控公司的整体风险处于可控、在控的状态，不逾越金控公司的风险容忍度。

首先，要正确评估金控公司面临的风险，科学确定风险容忍度。这就要识别风险，通过科学的方法计量风险，确认主要风险类别和风险水平，再累加计算风险敞口和风险承受能力水平，以此作为公司实施资本配置的重要基础。

其次，要正确评估和科学确定所属金融企业的风险承受能力。可以采取与确定风险容忍度相同的方法计算出各金融企业的风险承受能力，再根据金控公司的风险容忍度调整确定各金融企业的风险容忍度水平，促使所属企业清晰地了解自己和金控公司的可接受风险水平，作为所属企业决策的重要依据。

再次，要对所分配的资本实施风险评估，计量其对资本接受企业和金控公司总体风险敞口的影响。特别是对于增加风险敞口的资本分配，要确保增加之后的总量风险水平不超过所属企业和金控公司确定的风险容忍度水平。

最后，要对资本的投资效益进行风险调整。为了使项目易于通过，在对项目作经济效益预测和评价时往往忽略风险因素，导致项目执行后难以达到预期效果。因此，金控公司在进行资本分配时，应根据项目的风险水平或接受资本分配企业的风险水平，对预期经济效益进行调整，以更加客观、真实地预测和反映资本的使用效果。

（四）建立人尽其才的员工流动机制

人才是金融企业的重要基础性资源，是金融企业增强创新能力、维持高效益运行的重要保障。据有关资料披露，金融从业人员的年度流动性保持在25%以上。也就是说，从总量上看，金融从业人员每4年要全部变动一次工作，几乎是所有行业中流动性最高的。因此，营造人尽其才的工作氛围和环境，建立与从业人员诉求高度一致的激励约束机制，有助于保持员工队伍的稳定，从而有助于保持公司的创新能力和持续经营能力。

①要建立人才评估机制。对从业人员的业务能力、综合素质、性格特点等进行科学的评估，全面分析和掌握每个员工的基本情况。

②要建立人尽其才的机制。根据人才评估结果，将适合的人放在合适的岗位，促使每个员工都能够较好地发挥自己的能力和潜质，在工作中获得满足感和认同感。

③要建立员工职业规划和晋升通道。细化岗位等级，让职工真切体会到自己的工作能力、对公司的贡献得到公司的认可与尊重，并得到相应的回报。

④要建立员工内部流动机制。当员工在一个企业遇到发展瓶颈时，可以发挥金控公司集团化的特点，将其转移到其他企业或更为合适的岗位工作，促使员工有"再出发、再发展"的挑战感，增强工作活力。

⑤要建立优胜劣汰和引进外部优秀人才的机制。通过优胜劣汰增强员工竞争意识，发挥外部人才的"鲶鱼效应"，激发现有员工的动力。

总之，金控公司的管理要充分尊重和体现金融行业的特点以及发展规律，注重理顺金控公司内部管理关系和矛盾，科学划分管控界面，牵住"牛鼻子"，突出管理重点，从保证金控公司有效行使股东权利入手，以市场化业绩考核和风险导向资本分配为主要手段，充分调动所属企业经营管理的积极性，使之将主要精力集中到促进金控公司整体价值提升上。同时辅以人尽其才的员工流动机制，营造鼓励人才辈出和留住人才的环境，从而有效发挥全体员工的工作积极性、主动性、创造性，助力金控公司的发展。

第五节 企业金融变革管理信息化建设框架

金融行业是市场经济的重要组成部分，确保金融业的健康发展，直接关系着市场的平稳与高效运行。加强金融管理信息化建设，搭建金融管理信息化平台，多渠道实现金融管理信息采集，科学设置金融管理分析指标体系并利用现代信息技术处理金融管理信息，实现金融管理信息的多途径、多领域应用，具有非常关键的现实意义。实践证明，在金融领域快速发展的过程中，存在着纷繁复杂的信息，若采用传统的金融管理信息方式，无法提升金融管理信息的利用率，同时也无法优化金融管理的整体质量。基于此，在信息技术的支撑下，积极建构金融管理信息化平台，加强金融信息的研判与分析，依托于科学的信息指标评测体系，全面监管和科学监测金融信息的演变与动态这对于维护金融市场的平稳运行，保障我国金融发展的快速安全具有重要的现实意义。同时也能够在很大程度上提升金融管理的整体水平。

一、金融管理信息化的内涵

金融管理信息化是金融市场发展的必然途径，特别是在信息技术快速发展的今天，金融领域与信息技术之间的融合越来越深入。在实践过程中，金融管理部门依据业务处理系统、通讯和网络技术实现金融管理公文传输、信息收集、预警监测、风险评价和决策处置信息化、自动化的行为。在信息技术快速发展的今天，金融管理信息中全面应用信息技术，能够极大程度推进金融管理的有效运行，能够保障金融管理的安全运行，同时还能够在很大程度上规避金融市场的风险，综合性提升我国金融市场的稳定性与可靠性，从而更好地发挥金融行业的服务作用。金融领域涉及多元化的内容，金融市场也包括复杂的信息，金融管理信息同样是一个复杂化的集合体，这其中包含着非常丰富的内容，从微观上来看，金融管理信息化是将复杂的信息进行有效量化，以各类指标的形式来统计和分析金融市场的发展动态。从宏观上来看，金融管理信息化则是金融行业中先进管理理念、管理方式的升级和优化。综上所述，金融管理信息化，能够在很大程度上推动金融行业的发展，有效规范金融行业的发展路径，进而全面保障金融行业的发展水平。

二、金融管理信息的收集途径分析

金融管理信息化的主要元素是纷繁复杂的金融信息，如何全面收集和获取信息，并实现对信息的分析与研究，是金融管理信息化的主要出发点。在金融管理信息化中，实现对金融信息的科学收集与统筹管理，需要依托于科学完善的管理平台。

（一）通过数据接口程序自动挖掘

在金融管理信息化中，全面科学的信息数据是前提条件，如何保障信息获取的质量，可以通过数据接口程序进行自动挖掘。在信息技术快速发展的今天，金融业、保险业、证券业对私业务、对公业务、内部核算和内部管理业务都广泛应用了计算机信息技术，这在很大程度上提升了数据处理的效率与水平，同时也充分保障了信息处理的优化。特别是大部分银行都积极采用了全新的业务处理系统，在该系统中数据以统一的形式而存在，通过不同的筛选条件或数据接口，人们可以快速实现信息数据的应用。比如，个人征信管理系统，在该子系统中，依托于计算机技术从而实现联网操作，某银行在发放贷款，办理信用卡业务等过程中，可以通过数据接口快速获取用户的征信信息，这本身优化了信息处理的效率。再比如金融统计监测信息管理系统每月从各金融机构采集记录在案，分类、分级生成报表，能为金融管理提供详尽的宏观金融经济统计信息。综上所述，在信息技术的支撑下，基于数据接口可以快速获得精确化的信息数据，从而为各种决策和处理提供信息载体，全面保障金融行业的健康可持续发展。

（二）通过金融管理业务平台主动采集

在金融行业快速发展的今天，金融机构在进行信息报送和报表提供的过程中，占据着主动性的地位。尽管《中华人民共和国中国人民银行法》规定了金融机构在被监管过程中的义务，但总的来讲，金融机构仍具备信息呈送或报表上传的选择权，这在很大程度上制约着金融信息的准确率，难以提升信息处理和运用的整体水平。基于此，在信息技术的支撑下，积极构建信息平台，将信息被动获取转变为信息主动采集，这极大程度保证了金融信息的精准性，也优化了信息处理的效益。因此，依托于开业管理、营业管理、综合检查、综合评价、重要事项报告、金融消费者维权等金融管理业务平台，能够打造信息真实、全面客观的信息链条，进而全面保障金融信息的整体效益。在金融业务平台中获取信息，这种获取方式是主动积极的，不再受金融机构的影响和制约。特别是一些动态化的信息数据，若等待金融机构的主动报送，势必存在较大的滞后性。基于业务管理平台的搭建，金融信息管理的水平得到了全面优化和整体提升，这对于金融行业的健康快速发展是极其重要的。

（三）通过向社会大众调查的方式

在信息技术快速发展的今天，金融管理信息化还能够扩大社会公众的参与度，还能够全面提升金融信息的整合水平。为了解金融机构的业务能力和水平，为了了解金融机构的服务水平以及服务方式，同时为了解受众对金融市场的态度认知及评价，依托于信息技术能够扩大公众反馈信息的范畴，进而形成社会公众金融管理评价综合信息。依托于信息网络的开放性和广泛性，在信息收集和整合的过程中，监管机构不仅仅能够从被监管机构内部获取比较全面的金融反馈信息，同时还能够从其他行业中获取完整的信息。比如，新闻领域，尤其是一些专门倾向财经新闻报道的传统媒体和网络媒体，金融监管机构积极向媒体了解受众对金融管理、金融服务以及金融行业的认知，以便针对性调整金融行业的发展策略，更好地迎合广大受众的需求。

三、金融管理信息化的综合运用

在金融市场快速发展的今天，金融信息的数量和产量等都得到了较大程度的增长，为全面有效地推动金融市场的健康可持续发展，应该优化金融管理信息化的构建，进而全面综合提升金融管理信息的应用效益。

（一）结合金融信息的性质，全面优化金融管理工作

在信息技术快速发展的今天，金融管理信息化的程度越来越深。与此同时，金融监管机构与被监管机构之间的信息传达仍存在较大的空白和漏洞。基于此，在金融管理信息化全面推动的今天，金融机构应该全面结合金融信息的特点和性质，有条不紊地推动金融管理工作，全面提升金融管理的整体质量。一方面，应该重点结合金融信息中的异常信息，特别是能够反映金融风险的异常信息，结合这部分金融信息的状态、发展和演变，制定科学有效的风险评测体系，通过下发《风险提示函》约见谈话、实地走访等多种方式，切实增强金融管理的针对性和有效性。同时，还可以对信息异常的金融机构进行有效"帮扶"，共同帮助他们查找出问题的根源，及时遏制风险的扩大和泛滥。另一方面，在金融管理中，依托于信息技术，科学做好金融管理的动态化和追踪化。在金融管理中，依托于纷繁复杂的信息，科学做好信息的处理和分类，为金融机构进行相应的评级管理。对于评分较低的金融机构，监管部门要采用定期或者不定期的抽查方式，进而督促他们注重自身发展中存在的风险，从根源上来保障金融安全。

（二）依托于信息指标及评价，实现差异化的金融管理

在金融市场快速发展的今天，不同类型的金融机构在快速发展中存在着各自的特点，也存在着差别化的问题。如何推动金融监管的有效落地，如何保障不同监管客体的发展安全，需要监管部门结合差异化的指标体系，实现差异化的金融管理，全面提升金融管理的效益和水平。一方面，在金融管理中，依托于信息技术手段，全面获取不同监管客体的多元指标或者单一指标，全面分析监管客体在提供金融服务以及推动金融市场发展的作用，分析监管客体在不同指标中的量化等级，实现差异化的管理。科学的金融管理，不是无差别管理，而是结合监管客体在某一项或者某几项方面的评分，而精准采用金融监管的方式，进而全面提升金融监管的水平。另一方面，在金融管理中，监管部门还应该落实追踪个性化的管理机制，结合监管客体反馈出来的问题和现状，给予差别化的货币信贷政策。通过这种差异化的货币信贷政策，能够归引监管客体的行为，能够引导监管客体重视自身问题，积极顺应金融市场发展的需求，不断完善和优化自身的服务能力。同时，更要鼓励各项指标较高的金融监管客体，鼓励他们继续深化服务方式，从而继续优化业务水平。

（三）严格审查金融信息的准确性，做好信息披露管理

在金融管理中，依托于信息技术，积极推动金融管理信息化，虽然能够全面提升金融市场的发展水平，保障金融行业的平稳发展。然而金融管理信息化，需要依托于信息统一格式的桥梁作用，需要依托于完善科学的一体化管理模式，只有这样才能真正做到信息共享，才能真正做好金融监管。一方面，人行等监管部门应该严格审查金融信息的准确性，对于金融信息的格式，金融信息的来源，金融信息的动态等，都应该做好统筹管理。对于监管客体呈送的报告内容，对于监管客体提交的业务报表等，要严格控制其质量，要严格筛查其真实性与否。另一方面，在金融管理中，科学的信息披露，不仅能够提升金融监管的透明度，也能够增加受众的信任。在信息披露过程中，要做好分级披露，结合金融信息的性质和特点，从而实现差别化的信息披露。此外，金融信息是金融市场发展的真实反馈，是金融市场全面发展的基础，为避免不必要的金融市场动荡，在金融管理中，应该设计不同的信息反馈权限，实现金融信息的差别化公开和使用。

在信息技术快速发展的今天，金融管理信息化的全面推进需要做好信息的科学收集和全面获取，需要做好金融信息的全面筛查和真实性鉴别，同时更要做好分类管理和差异化管理，综合性提升金融管理的整体水平，全面优化金融服务的整体质量，进而确保我国金融市场平稳健康发展。

第六节　P2P 模式下企业金融变革风险管理

2015 年以来，一方面，国内 P2P 网络借贷平台迅速增长；另一方面，由于国内 P2P 网络借贷行业法律体系不完善监管主体缺失，网络借贷平台"跑路"现象频出。因此，建议有关部门尽快出台相应的法规，明确网络借贷平台身份。网络借贷行业只有建立健全行业自律组织，引入第三方征信系统、第三方资金管理平台、第三方担保机构，加强投资者教育，保持平台的独立性，完善 P2P 网络借贷平台风险监管体系，才能确保网络贷款健康成长。

一、P2P 网络借贷的发展情况

P2P（peer-to-peer）借款金融模式，是指一个合格的网络信用公司作为中介平台，通过互联网，移动互联网技术提供信息传播和交易实现的网络平台，以实现借款者和贷款者双方的借贷需求。在借款过程中，数据和资金、合同、程序等都通过网络实现，它是随着互联网的发展和私人借贷的兴起而成长起来的一种金融形式。客户目标主要有两种：一是出借闲置资金的客户，另一个则是需要贷款的客户。用通俗的话来讲，P2P 借贷就是有资金并且有金融投资的想法的人。随着经济和互联网技术的发展，人们的生活水平逐渐提高，

人们的物质需求也得到了改善，个人的现金流动，如，购买房屋、家居装修、旅游等，在线消费（网上购物）需求逐渐增加。在现有的金融体系中，日常银行无法满足这类的小额资金周转需求。此外，由于中小企业借款的额度小、频率高、周期短等特点，且缺乏有效的抵押和担保，阻碍了中小企业的发展。在这种情况下，P2P网络借贷平台应运诞生。

P2P网络借贷源于英国，并在美国、日韩等国流行。中国第一个网络借贷平台——拍拍贷成立于2007年，用于拍卖贷款。然而是借助网络平台，但本质上属于民间金融的范围。在国外，P2P网络贷款已进入快速发展期，监管等各方面日益成熟。与国外相比，中国的P2P网络借贷开始较晚，尽管行业快速的发展和激烈的竞争，一方面是因为中国处于快速发展的时期且资金需求大，另一方面是因为中国的金融市场不完善，传统金融不能满足中小企业和小额贷款机构对资金的需求，这就为P2P网络借贷的诞生创造了条件。从2009年的9家发展到现在的正常经营的2 000多家，催生了许多金融创新产品。在国内，由于P2P网络借贷起步较晚，其正处于由行业整合期向泡沫化低谷期过度的期间，在不断发展的同时伴随着许多问题的出现。中国P2P网络平台的快速发展主要是由于缺乏有效的外部监督和监管体制，以及其法律地位的不明确，而不成熟的社会信用体系，也使得其高收益的背后往往伴随着高风险。近些年，多例P2P网络借贷平台因资金链断裂而跑路的事件屡见不鲜，这也使得平台越来越关注风险控制。这个新兴行业已引起了许多研究者的兴趣。

于是，P2P网络借贷作为一种新事物，正在显示出蓬勃的活力，学术界对其的研究越来越多。到目前为止，对P2P网络借贷行为的研究主要集中在用户行为上。国内外的重要文献收集整理如下：一是P2P网络借贷运营模式分析；二是金融因素对P2P网络借贷行为的影响；三是个人因素对P2P网络借贷行为的影响；四是社会资本对P2P网络贷款的影响；五是其他因素对P2P网络借贷行为的影响。

二、国内P2P网络借贷运作模式

（一）纯线上模式

纯网上借贷平台以拍拍贷和人人贷为代表，分别成立于2007年和2010年。其运营模式特点：一是平台本身不参与借款，主要提供信息匹配、工具支持等中介服务，平台本身较少参与交易。二是高度依赖网络，整个过程全在线审核操作，操作过程更透明。三是风险控制能力弱，P2P平台根据借款人的基本情况，对借款人的信用划分等级，不同信用水平之间，规定最低贷款利率和贷款金额，借款人可以自由选择利率水平在这个规定的区间范围内，且无抵押无担保。借款平台风险控制的主要依靠多元化投资，投资者面临较高风险。四是收入主要来自中介服务费和违约赔偿金。

（二）线下审核担保模式

线下审核担保模式以2011年成立的安心贷为代表，该模式的特点：一是与纯线模式不同。P2P平台为了更好地进行风险控制，需要在线下寻找借款人，并进行现场审查，经线下担保后进行放贷，签订贷款合同。二是房地产抵押或担保的需要，借款人通常需要拥有房产作抵押。平台通过对借款人的信用、还款能力和房地产等情况进行调查，综合分析，才考虑是否放款。三是收入来源除服务中介费、违反合同费用外，还有会员费。

（三）线上线下结合模式

在线和离线模式的组合以宜人财富平台为代表，成立于2012年。该模式的特点如下：一是交易参与率高，模式需要在线申请，线下进行交易。而且，债权的转让过程由平台直接参与。二是控制风险能力强。借款人在线申请，P2P平台将根据借款人的实际情况和借款要求推荐融资方法，然后借款人向P2P平台实体营销点现场申请，审查并签订合同。三是有一种独特的债权转让模式，平台通常会先借款给借款人，而后获得债权分割，通过转让债权给其他投资者，获取借贷资金。四是收入通常来源于利息差收入和手续费收入。

三、P2P网络借贷的金融风险分析

（一）财务制度的分析

P2P网络借贷是一种新型的金融形式，是现代"互联网+"发展的产物。从根本上说，它属于私人借贷。相关立法和金融体系并不完善，网络借款缺少监管基础。由于中国对个人贷款没有具体的法律法规，对私人贷款中介方面的法律法规也是空白，无法保证网络贷款的合法性。因此，各地监管部门对其的监管工作很难进行，一旦发生纠纷，将会导致无法可依的结果，而个人贷款给社会也会带来巨大影响。

（二）投资者风险

现在可以看到很多P2P借贷平台向投资者展示的信息一般是高利率回报，低投资份额，短期投资期，本金和盈利都有保证，这些信息对许多投资者的吸引力和诱惑力是非常巨大的。然而许多投资者可能不知道这些金融产品的风险和利益，且大多数投资者缺少投资知识，所以他们盲目地投资这些有利的条件，最终有可能造成利益的损失。

（三）信用风险

一般来说，网络借贷平台的借款人主要集中于个人和一些小企业主。因为网络审查平台限制借款人需要提供的个人信息及还款能力等资料不多，有时可能提供一些虚假的还款能力等信息，有时提供的抵押资产可能会出现不能还款的情况。故而，部分客户的抵押资产没有实际的还款价值。一般借款利率较高，也会导致借款人违约。

（四）网贷平台风险

①因为网络借贷需要大量的实名认证，借款人的身份信息和很多重要的信息保留在互联网上。据媒体报道，在中国知名的P2P网络借贷平台拍拍贷、宜信等上登记备案的用户数量约达10万之多，这是一个非常巨大的个人信息数据库，一旦平台的安全系统被破解或受到黑客攻击，信息的泄露就可能会给借贷双方造成巨大的利益损失。②非法筹资的风

险。P2P 网络借贷呈现的是"一对多"的借款关系,要求平台对出资人进行"账户式"操作。假如没有认真地对闲置的资金进行监管,则很可能被确定为非法吸收民众存款,则会使得一些中小企业的资金链断裂或资金循环紧张,从而严重影响企业正常经营业务。③操作风险。因为缺乏对 P2P 网络的有效法律监督,则可能会发生伪造借款信息或发放违约贷款的情况。或者网络借贷平台在利益的驱使下,而发放巨额的失信贷款,而贷款人的信用状况无法保证,网络借贷平台则可能不当地操纵这些企业的信息,将其卖给其他公司,一旦发生意外将给企业造成巨大的损失。

（五）财务风险

P2P 网络借贷平台的财务风险包括披露风险和内部财务管理风险。P2P 公司的财务披露风险是因为 P2P 公司没有以金融公司名义注册,而且一般是咨询服务公司的类型。因此,P2P 公司没有金融公司的财务披露责任,投资者很难了解公司的具体财务状况,如公司坏账率、流动性状况、融资等。此外,P2P 公司一般不必聘请会计师事务所进行审计,使P2P 财务状况难以公平、公允地反映。P2P 公司所谓的内部财务管理风险,是因为 P2P 公司财务管理存在坏账,由于公司一般对借款人的监控是将借款打到专用的银行卡上,即将借款打到借款人原申请借款用途的卡上。然而,假如该笔借款没有用于专门的用途上,公司就不能对借款人进行监控,因此也很容易造成借款人可能无法偿还债务造成借款公司的坏账。

四、我国网络借贷平台金融风险控制的建议

（一）完善借贷平台的有关立法

首先,中国应尽快完善相关法律法规。考虑研究拟定《网络平台管理实施方法》,是由于借贷属于金融业务范围,所以相关立法工作应由银监会带动联合国家法制办,启动银监会派遣机构,省法律办公室和金融办公室开展网络借贷平台深入研究。其次,划定网络借贷的组织方式、性质和业务范围,将进行网络借贷的网站确定为私人民间借贷的中介形式,严格限制和禁止非法民间中介组织和活动。最后,明确主体监管和监管责任。由于P2P 平台模式和跨区域的复杂性,借贷双方可能不在同一区域,其监管应该是单线监控到多方向监控的方向发展。由人民银行主要负责充分发挥地方政府的金融监管职能的任务,金融办、工商、通信、网络监管部门共同合作规范网络借贷平台的整体运作。

（二）建立可疑交易报告报送机制和完善"实名制"

应当创建一个报告报送可疑交易的保障机制。网络贷款平台可根据反洗钱中高危客户的规定进行划分,更好地识别客户身份。对于高风险客户可以实时账户监控,如果发现账户反常或交易应及时提交给当地监管机构。"实名系统"是指任何单位和个人在任何金融机构开户务必以真实姓名并确认其真实性,所有金融交易必须使用真实姓名并记录在案的一种金融机制。对于新型金融服务中介,如,P2P 网络借贷平台,因其客户注册门槛低,

程序简单，转账来往方便快速，更容易被洗钱分子操纵，所以，实名制系统的完善很有必要。同时，应在客户交易过程中继续跟踪并关注和及时发现洗钱风险，消除洗钱风险。

（三）平台资金由第三方监管，创新 P2P 利率定价手段

第三方资金管理平台适用于转移资金和"资金风险池"的防范，禁止利用公司账户或高级个人账户进行资金流转。网络借贷平台应在资金转移过程中明确资金各步骤的现状，明确责任情况；委托监管的银行负责将用户因转账而产生的在途资金存入无息监控账户中，并对平台的资金转移进行监控并及时向监管机构提交监管报告。随后是改进 P2P 利率定价门径，避免高利率谋利行为的发生。目前，中央银行逐步放宽商业银行贷款利率浮动空间，积极推进利率市场改革。可以结合区域、行业、产业等实际情况，制定合理的利率区间；使 P2P 平台利率定价标准化，遏制高利贷行为。

（四）引入区块链技术

构建一个不依赖任何中心或是第三方但却可靠的记账系统，中本聪构造了一个极为精巧的系统，这个系统就是"区块链"，区块链通过构造一个以竞争—记账—奖励为核心的经济系统，解决了去中心化记账难的问题。P2P 的借贷双方通过在区块链上签订相应的智能合约，把借贷合同以代码的形式搬到区块链上，它不需要任何人监督合同的执行，一切按照智能合同的约定自动执行，包括：放款、还款或中途转让等，这降会对未来的借贷交易模式与商业结构带来巨大的便利。

（六）合理引导规范借贷双方的融资行为

①借款贷款其实是投资者和借款人双方之间的经济活动，其风险大部分是由借贷双方共同承担的，而 P2P 网贷平台实质只是提供信息等的中介服务机构，因此，有必要合理引导投资者和借款人加强和增强风险意识，审慎投资。②指导贷款人充分了解贷款风险在追求高回报率时通常伴随着高风险，要依据自身的收入和财产状况来决定投资规模。③合理引导借款人对借款用途的安排，确保借款资金的合理使用，减少道德风险。在国内社会信用体系还未完善、健全的情况下，加大对失信客户的处罚力度很有必要。

过去经济的发展过程中，金融市场带来的繁荣和金融危机带来的巨大伤害，让我们明白了金融创新是一把"双刃剑"，其既能带来巨大的能量，也能造成巨大的破坏性的危害。不管是在国内还是在国外，P2P 网络贷款的成长已经受到了政府、社会、金融业等方面的普遍关注。本书的研究表明，P2P 借贷平台想要成功地发展，关键在于投资者和借款人对信息的掌握，其运作机制具有相对的合理性。P2P 不但可以盘活私人金融市场，使私人闲置资金得到更好的使用，还可以使得个人、中小企业的财务困难得到有效的缓解。同时，其自身运作的成功还取决于投资者和借款人对于供给和需求的决策。但当前，P2P 网络贷款的发展缺少法律法规和政府的监管，其风险也随着发展过程日渐积累。唯有正确面对 P2P 所带来的双重属性，规范行业的健康发展，才能更好地发展这一新兴行业，有序引导私人借款，有效防范金融风险，进而有助于社会和经济的发展。

第七章 企业利润分配变革管理

第一节 利润分配概述

随着市场经济的高速发展，资本市场中的博弈越来越激烈，作为当今企业经营管理中不可忽视的部分，利润分配方式的选择显得越来越重要，合理利润分配方式的选择有利于公司的融资，为公司的下一步发展做好保障。利润分配的方式多种多样，不同的利润分配方式有不同的影响，本节主要以股份有限公司的利润分配管理为例，以利润分配方式为中心探讨利润分配方式的影响以及如何选择合理的利润分配方式。

利润分配是股份有限公司经营管理中重要的一环，对公司的融资与扩张发展有着重要影响。选择合理的利润分配方式有利于吸引投资为公司的发展提供资金保障，而选择错误的利润分配方式不仅无法起到很好的融资效果，同时还会向市场传递出不利信息，从而对公司造成负面影响。以股份有限公司为例，其利润分配方式及其影响归纳如下：

一、利润分配方式

分配现金股利：作为使用最多最广泛的利润分配法，分配现金股利并不会改变公司的每股收益率，而是以直截了当的形式给予了股东最直接的利益回馈，因而这种股利分配方式最能吸引投资者并使得股东获得满足感。因此，决定公司现金股利发放政策的因素主要是公司的盈利能力和决策层现金支付倾向。

派发股票股利：用发放股票的方式给股东分配利润。与分配现金股利不同的是，派发股票股利并不需要向股东发放现金，其股利发放来源主要分为当年可供分配利润和公积金两种。

回购公司发行在外股票：用支付现金的手段收回在市场中流通的公司的股票，将公司收益通过股票回购方式分配给股东，这种股利发放的形式对不同的股东产生不同的影响，对于出售方来说，他们得到了现金补偿。发行在外的股份公司股票数量减少，股票的单位价值将会得到提升，因而对于未出售股票的股东来说，他们的预期收益将会提升，而购买方通常可以获得对公司更多的控制权。

股票分割：股票分割与股票股利有显著的区别，股票分割减少了公司发行在外的股票的面值并相应的增加股票的股数。

二、利润分配方式的影响

分配现金股利：现金股利的发放是直接向投资者发放现金分红，这种直截了当的利润分配方式为所有投资者所喜爱，合理的发放现金股利有利于公司取得投资者的信任增强投资者的投资信心，从而树立公司良好的外在形象，稳定股票价格。但另一方面，现金股利的发放减少了公司的现金流量降低了企业的变现能力和支付能力。

派发股票股利：从股东角度来看：①本质上股票股利的发放只是成比例的增加股东的持股数，其他的要素并未改变，对股东并没有实质上的影响，股东的持股面额和持股比例均保持不变，只是对某些股东会造成心理上的积极暗示，提高公司在股东中的好感度。②股票股利的发放是公司管理层自信心的体现，股份数增多会拉低每股收益从而影响公司财务报表使用者对公司的印象，发放股票股利是公司未来效益走高的预兆，公司管理层相信未来获得的收益能足够提升每股收益，弥补股份数增多减少的每股收益，股东可以据此评估公司未来的经营状况调整自己的投资计划。

从公司角度来看：①股票股利可以控制现金流出。在某些情况下，公司由于缺乏资金或是出于对于公司未来发展考虑，不适合采取发放现金股利的策略，此时发放股票股利将是一个明智的选择，在有效节约现金开支的同时对股东给予积极暗示，从而获得投资者的好感与认可。②股票股利可以控制股票价格。股票的价格是影响投资者投资的重要因素，通常情况下股票的价格与投资者的数量大体上成反比关系，股票价格升高固然会给公司带来融资额的增加，然而因股票价格的升高公司会失去一些潜在的投资者，尤其是中小投资者，这部分潜在投资额的减少往往会冲减股票价格升高给公司带来融资额的增加额。这时候，发放股票股利可有效控制股票价格使其处于合理范围，进而达到吸引更广泛投资者的目的。

回购公司发行在外股票：从股东角度来看：①股票回购为股东的投资提供参照。股份公司往往在股价较低的时期回购股票，股价低意味着该股发展潜力大，因而股票回购是一个投资参照，股东可以在这一时期考虑增加持股数量。②股票回购可以协调不同股东之间的利益。对于急需资金的股东可以通过股票回购的方式抛售所持股份从而获得现金支持。对于公司内部的大股东而言，通过股票回购的方式一方面可以持有股票推迟纳税，另一方面可以吞并小股东增强自身对公司的控制力。③股票回购对购买方来说风险较大。持股数量与比例的增加无形中增加了风险，同时股票回购并不一定能促使股价的上涨，股价的涨跌受多方面因素的影响，股票回购只是一种间接促使股价上涨的因素，属于众多影响因素中的一种。④股票回购会增加公司的法律风险。中小股东对公司的经营情况了解较少，无法及时准确地知悉公司未来的经营策略，因而很可能在公司宣布股票回购前出售股票，若公司没有及时地向投资者公布股票回购的计划，那么将很有可能被利益受损的股东起诉。

从公司角度来看：股票回购有利于优化公司的资本结构：股份公司可以将股票回购这一手段与负债筹资、出售资产等方式进行合理组合，以此达到优化公司资本结构的目的。股票回购可提高公司的凝聚力，增强大股东对公司的控制，同时减小公司被兼并的风险。股票回购不利于公司接受投资者投资，导致投资者数量与规模减小。股票回购存在处罚风险。相关部门会对公司的股票回购动机进行调查，如若调查结果显示公司的回购动机不纯，公司可能会面临严重的处罚。

股票分割：股票分割的优点在于增加股数减少股票面值后会获得价格优势，增强对投资者的吸引力。间接地，股票分割也会影响公司的股价，股票面值的减小会获得价格优势吸引更多的投资者投资，股票的流通性增强交易量增长，从而投资者的热衷会在短期内促进股价上涨。

三、公司对于利润分配方式的选择

公司在选择利润分配方式时，应该综合考虑各方利益，在各股东与管理者之间找到一个良好的平衡点，既要照顾到公司各方股东的利益也要为公司管理者的管理工作提供良好的支持，将不同的利润分配方式进行优化组合是维护公司的持续经营与良性发展必不可少的手段。

那么想要选择出最优的利润分配方式就要充分了解各股东的与公司经营管理者的需要：①对于公司的大股东尤其是控股股东而言，相比于获得股利他们更愿意得到的是对公司的长久控制权，股利的发放尤其是大额股利的发放会加重公司的经济负担，削减融资效果，为了获得额外的融资，公司可能会发行新股，新股的发行会降低大股东的持股比例从而削弱大股东对公司的控制权，这损害了大股东的利益，因而对大股东而言尽量减少股利的发放符合他们的利益诉求。②对于中小股东而言，他们持股的最主要的目的是为了获取投资收益，而对于公司良好经营状况的关注也常常是出于对自身收益减少的担忧，获得稳定的收益提升自身消费能力是中小股东的利益诉求，故而稳定的股利分配是吸引中小投资者投资的重要指标。③对于管理者而言，由于公司权责分离趋势越发明显，大部分的管理者持有的公司股份较少，股利发放会加重公司的经济负担不利于公司的经营管理，而管理者持有的公司股份少，股利发放并不能为他们带来可观的收益，因此，公司管理者出于管理角度考虑倾向于尽量少的发放股利。

综上所述，利润分配涉及各方股东与管理者的利益诉求，合理的利润分配方式应该能够协调好各方利益促进公司的协调可持续发展，过多的发放股利会增加企业负担，过少发放股利会丧失对中小投资者的吸引不利于融资扩张，因而在公司发展的不同时期应权衡好各方利益分清主次，结合各利润分配方式的优缺点进行利润分配方式选择。

利润分配方式多种多样，不同的利润分配方式对股东与公司会产生不同的影响。不同股东以及公司管理者的利益诉求各不相同，对于是否发放股利以及选择何种股利分配方式的倾向也不尽相同，股利的分配应以公司大局为重权衡各方利益，结合公司的发展战略、发展阶段与市场环境选择适当的利润分配方式。

第二节　股利分配政策

股利，也就是企业根据股东所持股份对其进行净利润的分配。而股利政策则是企业关于是否发放股利、股利发放形式、股利发放时间等方面的策略与方针。在利润分配政策中，股利政策是其重要的构成环节，它直接决定了企业利润留存量及投资者回报，也是企业一项具有较强自主性的利润分配政策。在现代企业财务活动中，股利政策是其核心内容之一，具有多种基本类型，因而股利分配形式也是多样化的。

一、企业股利政策类型及股利分配形式

（一）企业股利政策类型

（1）持续增长或固定或稳定的股利政策即一定时间内企业的每股股利额保持相对稳定，其股利支付率呈向上趋向。其特点为，企业在一定时间内不论是怎样的财务状况与盈利情况，所派发的股利金额都维持不变。只在今后盈利提高可使所派发股利额保持更高水平时，企业才会增加每股股利金额。这一政策能够建立公司形象，提高投资者对企业的信心，保持股价稳定，同时保持股利支付的有序性。同时，也有利于对现金流出量的预测，以便企业调配资金，安排财务。

（2）剩余股利政策即企业所得盈余应先满足企业投资项目需求，若存在剩余利润，那么发放股利；反之，则不发放股利。财务管理部一般根据如下步骤进行股利支付：①明确企业投资项目，筹资成本预测；②明确投资项目需要的资金额；③尽量以留存收益满足投资资金额；④满足投资之后若有利润剩余，那么发放现金股利。其特点为将公司股利分配视为筹资决策进行考虑，在投资时，只有资本成本低于预期投资收益时，企业才会以留存利润来融资投资方案。

（3）固定股利支付率政策企业把每年所获利润的固定百分比视为股利给投资者进行利润分配。而固定股利支付率越大，企业留存盈余则愈少。其特点是每年股利支付金额因企业经营状况而上下波动，盈利低，股利则低，盈利高，股利则高，这导致股利支付具有很大波动性，稳定性低。而股利常常是衡量企业前景的重要信息，若股利波动较大，其所传递给市场的信息是企业前景不可靠、不明确，也给投资者留下不良印象，如，企业的经营不稳定，有较大投资风险。

（4）固定股利加额外股利政策即企业提前预设一经常性的股利金额，通常情况下，企业根据这一金额来派发股利。当盈余与资金较多时，企业不但派发正常股利，还给股东发

放额外股利。该政策不但汲取了稳定股利的一些优势，还结合企业具体实际来制定多种股利政策，从而让企业留有股利派发余地，在财务管理上也有很大弹性，从而为实现企业最大化财务目标奠定了基础。而该政策也有缺憾，稳定性也不高，额外股利随盈利变化而不断改变；其次，在企业长时间派发额外股利后，投资者会误以为额外股利是正常股利，而若突然取消额外股利，则易给投资者错觉，以为企业财务恶化，从而影响着企业股票走势。

（二）企业股利分配形式

国外企业普遍施行股票分红与现金分红，并突出现金分红的股利政策。而我国企业股利支付形式则是各式各样的。不同股利支付形式因监管政策与要求而不断变动。根据股份规范意见，企业可采用股票股利与现金股利的分配形式。然而，在实际股利分配政策制定中，不少企业推出多种分配形式，主要有送股、公积金转增、派现、配股，抑或混合形式，比如又转又配，又派又送等，形成了"配、转、送、派"等各式各样，易让股东混淆的股利支付方式。其中，"派"即现金股利，就是通过现金方式来派发股利；股票股利即"红股"，指以本企业股票作为股利收入给股东分配。而"转"就是公积金转增，即上市企业通过盈余公积或资本公积给投资者转增股份。由财务理论上看，公积金并不是未分配利润，所以从严格意义上看，公积金转增股本并非股利政策，而不管是理论界或实务界都把送股与公积金转增同日而语。而"配"也就是企业"配股"，其本质并不是股利分配，是企业的一种"分红"形式，主要针对企业老股东，按照其股权比例，通过比市场价低的股票价格予以选择，当前，这一配股政策在企业股利分配中比例已降低。

可见，企业股利政策类型是多种多样的，从财务理论基础上上看，这缺少稳定性与连续性，会给企业股利政策的制定与实施带来随意性与盲目性，投资者也难以根据企业现有的股利政策来对股利变化进行正确判断。同时，企业的股利支付形式也是多样化的，然而分配行为上也存在着不规范性。企业不分配现象具有普遍性，而为了实现配股融资这一目的，于是企业又派发股利，因而形成又配又派奇怪现象。其次，不分配企业所占比例也大，其股利支付率也较低。

二、财务理论基础上企业股利分配政策的完善思考

（一）改革股权分置，健全股权结构

在企业财务管理中，如想完善管理，提高管理效率，应重视决策的科学与民主，做到企业内部利益机制制衡。这就需要构建独立的监督机制，促进监督权与管理权的分离，从而强化制约与监督。为了提高质量，企业会由自身形象的提升出发而保持股价稳定，从而制定稳定性较高的现金股利政策。从宏观角度看，有利于维护资本市场的不断稳定，促进其健康发展。这是改革股权分置的主要目标，即稳定市场预期。由微观角度看，这有利于巩固全体投资者的共同利益，完善企业管理，缩减企业重大事项的所花费的决策成本，改善流通股与流通股投资者利益取向的不一致性状况；有利于企业管理结构的完善，实现企

业资本运营机制的目标；有利于确定股东大会其法定职权，确保股东行使权力；促进董事会制度的完善，使其内部权力配置更为明确，完善董事会构建、任免及议事规则，加强董事责任，构建其责任追究制度；有利于促进行监事会职权的完善，确保独立行使监事权力，保证有效监督；完善激励制度，构建科学、合理的薪酬体系；在增强独立董事的专业与独立标准，提高独立董事比例，增强独立董事监督权力等方面有一定的作用。

（二）均衡股利分配政策，保持股利政策稳定

在稳定企业股价，缩减企业今后融资成本中，均衡派现是一个有效的途径。企业应由内源入手，增强经营与管理能力，提升自身盈利水平，构建风险与防范意识，改革经营模式，提高企业核心竞争力，以为企业创造大量现金流，促进实企业价值目标的最优化。由上述企业股利政策类型上看，固定股利支付率政策把企业盈余与股利密切结合。而剩余股利政策有助于企业实现最优化的价值目标。从财务理论基础上及企业自身而言，股利分配政策实际上为一种企业行为。企业不管选取哪一种类型的分配方式，都应保持其连续而稳定，具有可持续发展性，从而建立一种良好企业形象，提高投资者对企业的信心，并吸引更多的潜在债权人或投资者。因此，我国需规范企业股利政策，保证其稳定性，并要求企业预测今后股利分配方案，进而保证预测方案与实际分配方案的一致性。

（三）完善监督机制，规范资本市场

股利分配政策规范化需要一个完善的法律环境，制定出维持股利政策稳定的相关规范与制度，同时构建公正价格体系，改革和完善证券市场制度。①基于企业定价机制，变革企业上市稀缺性，开放政府对企业的严管，提高有效供给，创新会计处理方式，引导企业树立正确、全面的股利分配观念；②完善揭示制度，强化监督管理。监管部门需要企业在有关报告中详尽地披露不分配的缘由；对申请配股的企业，要求降低配股中资金投向的随意性与盲目性，同时在配股方案中应详尽地披露与配股资金所投入项目相关的可行性的研究报告，同时披露前年度的企业配股资金所使用状况报告；而对运用转增股本或者送股方式的企业，则应在报表内，将企业各种股利相关情况加以详尽披露，包括：资产情况、货币资金情况、前景机会，对转作股本中的那些未分配利润，披露其投资动向、用途方向、投资收益等。③订正原有相关证券法律，对初始权力进行重新界定，以保障市场主体公正公平竞争，保障投资者应有利益。

综上所述，在企业股利分配中，股利政策类型多种多样，股利分配形式也是各式各样。因此，在财务理论基础上看，企业若想抓好财务管理，则应合理制定与有效实施股利分配政策，改革股权分置，健全股权结构，完善监督机制，规范资本市场，从而保证市场主体的公正、公平竞争，从而保证投资者的合理利益。

第三节 股票分割与股票回购

一、股票分割

严格地说，股票分割是指增加公司所发行的股票数量，同时对股价进行调整，使得总市值保持不变的行为。股票分割行为只是增加了流通的股票数量，降低了股价，并没有现金流出，也未对公司的实际经营状况产生任何影响。有趣的是，看似没有实际意义的举动，为什么会频频发生？中国从建立股票市场以来，对此的相关研究还很鲜见。本书试图简要回顾一下国外关于这一话题的一些研究结果，以期对中国市场在这方面的研究有一定启发。

（一）信号假说

信号假说认为，管理者通过股票分割宣告向投资者传递关于公司现值和公司前景的良好私人信息。由于经理与投资人之间存在着信息不对称，管理者占有更多的有关企业未来现金流量、投资机会和盈利前景等方面的私有信息，有动机把有利于企业的信息传递给投资人。这项决策是有成本的，价值低的企业模仿价值高的企业的成本很高，因此高品质公司会借股票分割传递公司正面的信号，而不必担心低品质公司的模仿。

法玛最早提出股票分割传递企业收益的信息。Lakonishok 和 Lev 发现进行股票分割的企业，收益在股票分割前已有很大的提高。如果股票分割决策的做出是基于经理所拥有的优质信息，即企业拆股前的收益增加是长期的，那么，股票分割宣告会导致投资人重新估价企业股票分割前的收益增长。罗斯等人提出企业的财务决策传递企业价值的观念。Grinblatt 等人提出股票分割行为可以引起分析师的注意，因而认为被低估的公司实施股票分割，以此来提高股价。Brennan and Copeland 认为，如果没有利好消息进行股票分割的成本很大的话，那么股票分割的行为本身就意味着利好消息的传递。佣金中的固定成本因素使得低价股票的每股交易成本上升。这种交易成本对股票价格的依赖，可以很好地解释股票分割行为是传递内部消息的一种方式。刘志勇以问卷调查辅以实地访查的方式针对股票股利发放的研究结果显示，传递公司对未来营运结果的预期及公司正在成长的信号是公司决定分割股票的动机之一。在投资者看来，股票分割通常是处于成长期的公司的行为，所以宣布股票分割可以传递给投资者一种"公司是处于成长期"的信号，这对公司来说毫无疑问是很有利的信息，一方面，可以借以提高投资者对被投资公司的信心；另一方面，在一定程度上还可以稳定甚至提高公司股票的价格。

（二）交易区间假说

不少学者的调查证据显示，信息不对称的交易区间假设能更合理地解释企业拆股的动因。在 Kent Baker 和 Gary Powell 的调查中，50.7% 的管理者认为，上市公司实施股票分割最主要的原因是把股价调整到一个较好的交易区间。

交易区间假说认为股票分割重新调整每股价格到最佳的价格区间。大多数情况下管理者相信存在股票价格的最佳价格区间。从理论上讲，股票最佳价格范围也是存在的。所说的"最佳"，就是指如果股票价格在这一范围内，那么，其价格—收益比率以及公司价值就能达到最大化。

股票分割提供了一种降低股票市场价格的方式。当某股票价格过高时，许多中小投资者买不起该股票，这样使得股票购买者减少，这时若通过股票分割，使每股市价随股数的增加而下降，这样股票的总价值并没有发生变化，然而由于每股的市场价格有所降低，使更多的中小投资者能买得起，根据供求规律，将导致该种股票价格重新上涨，使该种股票的价格—收益比率增大，从而使公司总价值增大。由此看来做出股票分割决定的时候，管理者更多地考虑小投资者，促使分割后的股票对小投资者更有吸引力。高价格的股票有更多的市场限制。

最小价格变动幅度规律可以解释股价的"交易区间假说"据调查研究，1943 年至 1994 年间，美国纽约证券交易所的平均股价为 32 美元到 33 美元，50 年间几乎没有改变，一个重要的原因在于一个固定的最小价格变动幅度控制了股票交易。公司管理者通过股票分割使最小价格变动幅度相对于股价对于机构投资者来说是最优的。

（三）改善股票的流动性

股票的流动性是指股票买卖活动的难易。管理者经常证明建立在改善流动性基础上的股票分割是合理的。Muscarella 和 Vestuypens 研究发现，股票分割后交易行为增加，这一现象被他们当作股票分割改善流动性的证据。

改善股票的流动性可以说是调整股票价格到最佳的价格区间的深层次目的。在最佳的价格区间内，上市公司股票的流动性最好。支持股票分割后流动性上升的观点认为，由于股票分割导致小投资者对股票需求上升，使得股票流动性提高。Barker 和 Lamoureux 等支持上述观点，发现股票分割之后持股人数会上升。

公司之所以要对其股票进行分割，其主要目的在于能使本公司的股票成为社会公众乐意购买的对象。股票分割能够在较短的时间内使公司股票每股市价降低，买卖该股票所必需的资金量减少，使该股票在投资者之间容易买卖，并且可以使更多资金实力有限的潜在股东变成持股的股东。因此，股票价格太高，不利于股票的交易，而股票价格的下降则有助于股票交易。

不过，值得指出的是，关于股票分割改善股票流动性的观点，也有一些学者有不同的发现。例如，Copeland 的报告指出，如果流动性是用交易量、佣金收入或买卖差价来衡量的话，市场流动性在股票分割后不仅没有提高，反而降低了。Lakonishok and Lev 认为，较大的交易量仅出现在股票分隔之前，而股票分割之后的交易量与对照组中未股票分割公司相当。

事实上，上述三种解释并不相互矛盾。自从 1969 年 Fama 等人经典文献的发表，信号假说和交易区间假说开始作为对股票分割的主要解释出现在财务文献中。如果管理者认为将股价调整到一定范围内有利于股票价格上升，然而又担心如果以后股价降低到某个价格之下又会导致交易成本过高，那么是否进行股票分割就可以反应管理者对公司未来业绩的预期。因此，股票分割行为可以解释为体现管理者对公司未来乐观程度的信号。

近 40 年来，信息经济学发展迅速。我们有理由认为，信息不对称理论将在股票分割动机的研究中得到应用。事实上，在企业管理者与投资者之间存在不同程度的信息不对称，而股票分割正是管理者向投资者传递企业信息的手段。因此，如何建立一个良好的股票分割信号市场，以保证经理们发放的信息是可信的信息就显得尤为重要。根据美国证券市场的经验，进行拆股的企业都是好企业，这些企业在拆股之前已经经历了收益增加，那么为了建立一个可信的发信号市场，我们是不是也可以像要求进行配股的企业有一定的收益增长率一样，要求准备拆股的企业在前 3 年的收益增长幅度不低于一定的水平。这个要求并不过分，因为，美国股市的经验证据表明，拆股的企业在拆股前的 4 年内都曾经历过收益上升。对于这类问题，还有许多方面需要在以后的研究中解决。

二、股票回购

在较为成熟的资本市场上，股票回购多被用作公司资本运作、稳定股价、传递利好信号、调整股权结构等调整工具，这一点在金融危机背景下有较为明显的表现。在我国，上市公司进行股票回购的动因通常来说有以下几个层面：

（一）市场层面

上市公司进行股票回购的最直接影响即是二级市场上股票价格的提高．上市公司回购股票一方面降低了市场中流通股的份额，并提高投资者对于每股盈利的期望值，进而引导市场做出积极反应，提升公司的股价。另一方面，上市公司以高于当前市价价格回购股票，传递出公司价值被低估的信号，以及公司未来盈利前景良好的信息，使得股价正向变化。

（二）公司经营层面

首先，上市公司可以通过负债的形式进行回购，提升债务资本的比例，在债务成本低于资本的收益时让财务杠杆发挥正面效应，优化财务杠杆，提高权益资本收益率。其次，财务杠杆的提升所带来的税盾效应有利于公司合理避税，股东也可将现金股利转化为买卖股票资本利得，同样达到合理避税的效果。再次，相较于发放现金股利，股票回购可大大提高公司财务灵活性，公司管理者可以通过充分地利用财务弹性，在宣布股票回购后，灵活选择在现金流合适的时机进行回购，确保公司财务灵活性。此外，根据现金流量假说，当存在闲置现金时，公司管理层可能因私利驱动进行次优项目的低效投资，公司通过股票回购可减少管理层自由支配现金，降低管理层掌握现金的代理成本。

（三）公司管理层面

首先，股权回购对公司管理最大的意义就在于加强控制，避免恶意并购。一方面可通过减少市场上流通股控制市场可掌握的权益资本所占比重，加强对公司控制；另一方面利用回购形成股票溢价，提高恶意收购成本，筑成收购壁垒。其次，股票回购是为了应对实施股票期权计划和债转股的需要，消除稀释。此外，伴随着股票期权计划的兴起，回顾操作既可以提升管理层的持股比例，使其和股东的权益方向一致，又可以使股价上升令持股的管理层切实获益，进而达到激励管理层的作用。

参考文献

[1] 张金浩，林绍良．浅析企业管理变革与创新 [J]．现代企业文化，2015(33)：76-77．

[2] 郭曼．企业管理创新：互联网时代的管理变革 [J]．中国科技产业，2012(4)：74．

[3] 孙永新．现代企业管理变革与创新 [J]．中国商办工业，2002(6)：18-19．

[4] 张洪波．创新变革企业管理体系 [J]．中国外资，2017(6)：88．

[5] 陈贤彬．企业管理会计信息系统构建研究 [D]．广东财经大学，2017．

[6] 何倩梅．管理会计在中小企业中的应用研究 [D]．华中师范大学，2017．

[7] 张咏梅，于英．"互联网＋"时代企业管理会计框架设计 [J]．会计之友，2016，（3）：126-129．

[8] 强建国．管理会计在企业应用中存在的问题及对策 [J]．科技与企业，2013，（22）：91．

[9] 官小春．高科技企业研发超越预算管理研究 [D]．中南大学，2010．

[11] 杨伟明，孟卫东．联盟组合管理、合作模式与企业绩效 [J]．外国经济与管理，2018(7)：32-43．

[12] 刘玉华．企业管理模式与企业管理现代化探讨 [J]．市场观察，2018(7)：71．

[13] 宋新平，梁志强．浅谈企业管理模式与企业管理现代化 [J]．中国商论，2017(4)：69-70．

[14] 张怀志，王苓．企业管理流程与企业管理效益提升 [J]．中国新技术新产品，2015，12(10)：174-174．

[15] 王彬．浅谈企业管理流程与企业管理效益提升方法研究 [J]．企业文化旬刊，2017，20(6)：182．

[16] 罗永旭．浅谈企业管理流程与企业管理效益提升方法研究 [J]．科技创新与应用，2017，16(8)：266-266．

[17] 蒙宇村．基于业务流程管理视角探讨提高企业管理效率的途径 [J]．中国管理信息化，2015，20(12)：54-54．

[18] 黄中恺．流程优化与企业效益提升的实证分析 [J]．上海船舶运输科学研究所学报，2016，39(4)：60-66．